本書爲國家古籍整理出版專項經費資助項目

中國佛教典籍選刊

禪源諸詮集都序校釋

〔唐〕宗密 撰

閻韜 校釋

中華書局

圖書在版編目(CIP)數據

禪源諸詮集都序校釋/(唐)宗密撰;閻韜校釋. —北京:中華書局,2021.6 (2025.4 重印)
(中國佛教典籍選刊)
ISBN 978-7-101-15187-9

Ⅰ.禪… Ⅱ.①宗…②閻… Ⅲ.禪宗-研究-中國-唐代 Ⅳ.B946.5

中國版本圖書館 CIP 數據核字(2021)第 086728 號

封面題簽:徐　俊
責任編輯:鄒　旭
特約編輯:黃雯睿
封面設計:周　玉
責任印製:韓馨雨

中國佛教典籍選刊
禪源諸詮集都序校釋
〔唐〕宗　密 撰
閻　韜 校釋
*
中 華 書 局 出 版 發 行
(北京市豐臺區太平橋西里 38 號　100073)
http://www.zhbc.com.cn
E-mail:zhbc@zhbc.com.cn
河北博文科技印務有限公司印刷
*
850×1168 毫米 1/32 · 5¼印張 · 2 插頁 · 95 千字
2021 年 6 月第 1 版　　2025 年 4 月第 2 次印刷
印數:3001-4000 册　　定價:29.00 元

ISBN 978-7-101-15187-9

中國佛教典籍選刊編輯緣起

佛教是世界三大宗教之一，約自東漢明帝時開始傳入中國，但在當時並没有産生多大影響。到魏晉南北朝時期，佛教和玄學結合起來，有了廣泛而深入的傳播。隋唐時期，中國佛教走上了獨立發展的道路，形成了衆多的宗派，在社會、政治、文化等許多方面特别是哲學思想領域産生了深刻的影響。這時佛教已經中國化，完全具備了中國自己的特點。而且，隨着印度佛教的衰落，中國成了當時世界佛教的中心。宋以後，隨着理學的興起，佛教被宣布爲異端而逐漸走向衰微。但是，佛教的部分理論同時也被理學所吸收，構成了理學思想體系中的有機組成部分。直到近代，佛教的思想影響還在某些著名思想家的身上時有表現。總之，研究中國歷史和哲學史，特别是魏晉南北朝隋唐時期的哲學史，佛教是一項重要内容。佛學作爲一種宗教哲學，在人類的理論思維的歷史上留下了豐富的經驗教訓。因此，應當重視佛學的研究。

佛教典籍有其獨特的術語概念以及細密繁瑣的思辨邏輯，研讀時要克服一些特殊的困難，不少人視爲畏途。解放以後，由於國家出版社基本上没有開展佛教典籍的整理出版工作，因此，對於系統地開展佛學研究來説，急需解決基本資料缺乏的問題。目前對佛學有較深研究的專家、學者，不少人年事已高，如果不抓緊組織他們整理和注釋佛教典籍，將來再開展這項工作就會遇到更多困難，也不利於中青年研究工作者的成長。爲此，我們在廣泛徵求各方面意見的基礎上，初步擬訂了中國佛教典籍選刊的整理出版計劃。其中，有重要的佛教史籍，有中國佛教幾個主要宗派（天台宗、三論宗、唯識宗、華嚴宗、禪宗）的代表性著作，也有少數與中國佛學淵源關係較深的佛教譯籍。所有項目都要選擇較好的版本作爲底本，經過校勘和標點，整理出一個便於研讀的定本。對於其中的佛教哲學著作，還要在此基礎上，充分吸取現有研究成果，寫出深入淺出、簡明扼要的注釋來。

由於整理注釋中國佛教典籍困難較多，我們又缺乏經驗，因此，懇切希望能够得到各方面的大力支持和協助，使這項工作得以順利完成。

中華書局編輯部

一九八二年六月

目録

附録二　宗密傳記資料……一三九

前言

一、宗密的生平事業

宗密（七八〇—八四一），俗姓何氏，果州西充（今四川省南充市西充縣）人，活動於中晚唐之際。他出生在豪盛之家，十八歲前學習儒書，博通經史。與一般追求功名的學子不同，他要解決人生的歸宿問題，以爲儒道各家，對此無補，於是轉而學佛。但數年未遇高僧，一直動揺於儒佛之間。唐德宗貞元二十年（八〇四），偶遇荷澤神會的三傳弟子、遂州大雲寺道圓禪師，請教佛法，深受觸動，於是毅然出家。宗密在道圓處得華嚴初祖杜順之華嚴法界觀門，作法事時受贈圓覺經。修習南宗禪，研讀華嚴、圓覺，決定了他一生的軌跡。

數年後，宗密遵師命外出參學，在益州、洛陽分别向荷澤宗兩位著名禪師請益，並得到他們的高度贊揚。在襄陽，宗密獲贈華嚴四祖澄觀所著華嚴經疏、華嚴經隨疏演義鈔，閲後覺悟與理解水平大爲提高，尋即開講華嚴，聽衆反應熱烈。元和六年（八一一），他的法席從襄陽搬到洛陽，引起更大轟動。於是，他寫信給身在長安的澄觀，表達對華嚴的信解和對他本人的崇敬，請求作爲弟子。澄觀讀後大悦，接受他的請求。不久，宗密來到長安，形影不離地跟隨澄觀學習數年。師徒二人討論發揮華嚴大義，澄觀欣賞他的覺解，説「毗盧華藏，能隨我遊者，其唯汝乎！」此後宗密常住終南山草堂寺與其南之圭峰蘭若，从事講經、禪修與著述。

宗密曾多次入宫演説佛法。太和二年（八二八），復被徵召至内廷，賜紫方袍及「大德」名號，獲無上殊榮。宗密從此與朝廷及重臣、名士的關係更爲密切，裴休、白居易等皆成爲其摯友。其友宰相李訓密謀除掉專權的太監，事敗投奔宗密，後又逃往别處。太監逮捕宗密，説他隱匿不報，與叛黨同罪，將處死刑。宗密説：「貧道識訓年深，亦知其反叛。然本師教法，遇苦即救，不愛身命，死固甘心。」義不畏死，感動上下，最後放他歸山。人有其慈悲之心廣被世間，「故皇皇於濟拔，汲汲於開誘，不以一行自高，不以一德自崇。人有依歸者，不俟請則往矣，有求益者，不俟憤則啓矣。雖童幼不簡於敬接，雖驁很不怠於叩勵。其以闡教度生，助國家之化也如此」（裴休唐故圭峰定慧禪師碑並序）。唐武宗會昌元年（八四一），宗密在興福塔院圓寂，俗齡六十二，僧臘三十四。唐宣宗追謚定慧禪師，賜塔額曰青蓮。

宗密會通禪教的著作，除禪源諸詮集一百卷、禪源諸詮集都序二卷外，尚有華嚴原人論一卷、中華傳心地禪門師資承襲圖一卷等；闡釋華嚴經的有華嚴行願品隨疏義記六卷、華嚴經行願品疏鈔六卷、注華嚴法界觀門一卷、注華嚴心要法門一卷等；解説圓覺經的有圓覺經大疏十二卷、圓覺經大疏釋義鈔十三卷、圓覺經略疏四卷、圓覺經略疏鈔十二卷、圓覺經道場修證儀十八卷。他是圓覺經最早最權威的闡釋者。另外，宗密還有起信論疏注、佛説盂蘭盆經疏、四分律疏以及零散的酬答、書偈、議論等。

宗密禪屬南宗，教屬華嚴，有著述二百許卷，弟子信衆數千人。他在華嚴宗被尊爲華嚴五祖，在禪宗史上本來也應占有崇高地位，但因洪州、石頭兩系大盛，荷澤宗湮滅不傳，故只有六祖「旁出」身分。

宗密時代，佛教内部紛爭嚴重，既有禪、教之間相互攻伐，也有禪、教内部各流派間的爭鬬。他深感這種紛爭的危害，於是加以會通。首先對當時禪宗十派的思想資料進行搜集整理，「以如來三種教義，印禪宗三種法門，鎔瓶盤釵釧爲一金，攪酥酪醍醐爲一味」（裴休禪源諸詮集都序叙）。然後以達摩爲始祖，以荷澤爲正宗，對禪教各派進行分析評價，羅列排序，輯爲百卷之禪源諸詮集。同時寫成總序兩卷，即禪源諸詮集都序（簡稱都序），完整闡釋禪教統一圓融的華嚴禪理論。可惜禪源諸詮集早佚，只有都序傳世。不僅如此，宗密又著華嚴原人論等，將會通工作從佛教擴展到儒道兩教，以爲兩者都是偏淺之道，在小乘佛教以下，但是也包含一定的真理。他數十年深入闡釋華嚴、圓覺兩經。有關理事心性的論斷，成爲程朱陸王的資糧。馮友蘭先生給他以高度評價：「上爲以前佛學作一結算。下爲以後道學，立一先聲。」（三松堂全集卷三，頁二四九）宗密是一位在中國哲學史上影響深遠的人物。

二、都序的思想與歷史影響

中國佛教與印度佛教有密切關係。印度佛教小乘、大乘，空宗、有宗，海量經典，漸次產生並向東方傳播，經過翻譯弘揚，在中土也產生了相似的宗派。不同的是，它們具有中國特色。一方面，適應中國專制王權、强大宗法，吸收了相當分量的傳統道德觀念。另一方面，中國僧俗知識分子在佛教理論上有重大創新，寫出大量别開生面的論與經疏，不囿於印度經典而開出一片新的天地。天台宗智顗、湛然，華嚴宗法藏、澄觀，包括宗密，都是這方面的傑出代表。

從圓融會通佛教各種理論派别看，天台吸收了三論與法相，華嚴又融會了天台。到了宗密，格局更大，將教與禪，乃至儒道，統統包容。他認爲在經教方面，以顯示真心即性教最高妙最圓融。屬於此教的經論很多，其中三部，最爲重要。一是經過法藏、澄觀等人解説的華嚴經，它的一真法界觀念，理事、事事圓融無礙的理論，構成都序思想總的基調。二是宗密本人解説的圓覺經，它在「指體投機」方面，具有强大功能。三是大乘起信論，它的「真如緣起」「一心開二門」思想，爲都序闡述衆生的迷悟走向提供理論框架。在禪的方面，以直顯心性宗最高，其代表是荷澤宗。

據印順法師的説法，這套理論屬於真常唯心論。華嚴經的一真法界，起信論的衆生心，圓覺經的圓覺，乃至荷澤禪的空寂之知，其實質都指向「一真心性」，亦即真常心。真常心貫通一切，佛亦此心，衆生亦此心，凡有此心，皆可作佛。但不幸有無始無明，對本然的清淨覺悟之心起迷惑作用。無明起則心迷，迷即衆生。無明滅則心悟，悟即是佛。迷悟進程，由真常心的「性起」功能選擇、實踐。無論迷悟，都能夠生起無量數的境界或生存狀態。因此，這就呈現出「全佛之衆生，擾擾生死。全衆生之佛，寂寂涅槃」（都序卷下之一）的世界圖景。佛陀出世，悲憫衆生，傳播佛法讓人心明理，指導禪修使人心覺悟，使衆生最終獲得佛智而解脱。因此，教與禪相輔相成，缺一不可。教與禪圓融和會的根據在真常心。

都序根據上述基本立場，解決如下一些理論問題：「宗源之本末，真妄之和合，空性之隱顯，法義之差殊，頓漸之異同，遮表之迴互，權實之深淺，通局之是非」（裴休禪源諸詮集都序叙）等等。

卷上之一談「十所以」，泛論教禪會通的十條理由。首先，教禪的源頭在佛陀，「諸宗始祖，即是釋迦。經是佛語，禪是佛意。諸佛心口必不相違」。經説的是形上的理論，禪修的是與之相適應的覺悟狀態。然而，佛説經典有權有實，故「須知經論權實，方辨諸禪是非。又須識禪心性相，方解經論理事」。從認識論看，這就是現量（學人體悟）與佛言量（經教）的相互印證問題。這個部分還批評了對於法義、真心、頓漸等概念的不當理解，爲會通教禪奠定了一個堅實的基礎。

卷上之二談三宗禪門與三種佛教。在以往判教理論基礎上，這部分對佛教各種思想體系、修爲方式進行更爲簡要明白的分析，指出禪有三宗，一息妄修心宗，二泯絶無寄宗，三直顯心性宗，包容了當時所有「百家」「十室」之宗派。教有三種，一密意依性説相教，二密意破相顯性教，三顯示真心即性教，概括了古今的一藏經論。三種教與三宗禪一一對應，密意依性説相教中的一部分即將識破境教，與禪門息妄修心宗「相扶會」。密意破相顯性教與禪門泯絶無寄宗「全同」。顯示真心即性教與禪門之直顯心性宗也「全同」。這樣就爲每一宗禪找到所依據的形上理論（教），用子系統層面上的兩兩對應，論證了整個禪教的圓融統一。

卷下之一主要辨析空宗、性宗的「十異」，解決講者與禪者同迷的問題。空宗以爲破相顯空即是真性，性宗則認爲真常心才是真性。真常心是本體，是我（精神的我，即「空寂之知」），是一切性相的源泉，更是成佛的根據。空宗有破執的功效，心有執著不能成佛，但如果連真常心也破了，就成大錯。故空宗必在性宗統領之下才有其正確位置。在這個部分中，宗密還分析了頓漸在教、修兩方面的意義與作用，闡述了釋迦傳教從小乘到大乘，從漸教到圓頓教（華嚴禪）的歷程，從而對各個宗派的理論與禪行，既分清了高下，又全部加以統攝。宗密所言未必符合歷史實際，但作爲「權説」，亦有其存在理由。

卷下之二將起信論「一心二門」「染淨互薰」等思想細化、具體化，展現六道凡夫因迷惑而出現的十重沉淪狀態，以及悟後修證、成賢作聖而出現的十重升遷狀態。悟十重即是迷十重的反轉，目標是向本覺即真常心復歸。書中配合文字繪出示意圖，直觀易懂。

此説不僅指明成佛的道路，也顯示涅槃不離生死，出世不離世間，聖賢的位格決定於對佛教真理的覺解。

在思想史上，會通與立異兩種研究進路，既對立而又相輔相成，二者都能夠推動人類思想的進步，關鍵在適時、適度。宗密正是在佛教理論需要會通的時候，以比較恰當的學説，較好地滿足了這些要求。儘管他還有不少理論上的問題没有講透，甚至没有説對，但其真知卓見，在佛教乃至整個思想史上發揮了正面作用。

宗密會通教禪的思想雖然没能阻擋荷澤禪的衰落，以及否定經教的狂禪盛行，卻已在思想界生根。每當政權統一，思想界醖釀融合的時候，這個理論就會被人記起。趙宋建國後，永明延壽（九〇四—九七五）讀到剛剛印行的都序，十分贊賞，於是以「禪尊達摩，教尊賢首」爲宗旨，輯出百卷宗鏡録，在學界形成巨大聲勢，促進了教禪會通的運動。少數民族建立的國家若遼若元，對於宗密的理論也有强烈興趣。遼太后印造都序，頒行天下。元世祖欣賞都序，促進了它的重刻與流通。到明代，四位佛學大師袾宏、真可、德清、智旭，都贊同宗密，著書立説，主張會通教禪，甚至會通三教。就這樣，佛教界圓融和會的思潮，一代接一代地向下傳遞。

三、都序的諸版本與流通情況

宋版都序載有契玄禪師後記：「唐大中十一年丁丑歲（八五七），裴相國親筆寫本，付與金州武當山太一延昌寺老宿，得五十年收掌。大梁壬申（九一二），老宿授與唯勁禪師，歸湖南。又經廿三年至甲午（九三四），禪師授與契玄，歸閩。又經廿年至甲寅、乙卯（九五四—九五五），齎入吳越，書寫施行矣。」由此可知，裴休親寫本都序，幾經輾轉，百年之後，方才由契玄帶到吳越書寫印行。又十多年，吳越歸宋。

遼代，崇天皇太后欣賞都序，於清寧八年（一〇六二）廣印單行本。此時遼藏印造工程已歷三十多年，一年後全部完成。該單行本無疑是遼藏之一分。同年遼將該藏印本贈予高麗王朝，此後高麗刊印了三版都序。遼與高麗之都序，皆具契玄後記，爲宋版後繼。

在忽必烈時代，因爲都序會通教禪的思想「允愜宸衷」，佛教界謀劃重刻。雪堂普仁禪師在雲中（今大同）發現兩本都序，又在京城找到遼之單行本，精校之後於大德七年（一三〇三）付梓。

到了明代，以往一代一個版本的單傳模式有了改變。明初造永樂北藏，萬曆中又造徑山藏，皆收都序。此外還有單行本如寂照庵刻本、居頂玄極禪師刻本流行。徑山藏本與寂照庵本一致，故總有三種本子，雖然大較相同，但從細處看，在上下卷内部的分卷、版式與用字習慣等方面，確有一定差異。三種本子各有翻印者，因而形成都序的三個版本系列。

一、徑山藏本、寂照庵本來自雪堂普仁之元版，這個系列包括頻伽藏本、續修四庫全書本，以及大正藏本等等。二、永樂北藏本系列，包括乾隆藏本。三、居頂玄極刻本系列，包括金陵刻經處本、卍續藏本。

三個系列各有優點，本校本的目標是匯聚各本之長，百尺竿頭，更進一步。至於效果究竟如何，有待方家批評指正。

閻韜於二〇一八年十一月

凡例

一、本書以上海古籍出版社二〇〇二年版續修四庫全書影印之明萬曆丁未寂照庵刻本禪源諸詮集都序爲底本。

二、中華書局一九九七年版中華大藏經影印之禪源諸詮集都序，底本爲永樂北藏，校本爲徑山藏、清藏，所作校勘記，作爲重要校勘依據。行文中凡涉及以上諸本，皆依據中華大藏經及其校勘記。

三、日本大正藏本的禪源諸詮集都序，底本爲日本增上寺報恩藏明本，校本爲元禄十一年（一六九八）刊大谷大學藏本（簡稱元禄本），所作校勘記，也作爲重要之參考依據。

四、本書其他重要之版本如清光緒十八年（一八九二）金陵刻經處本、頻伽藏本、日本卍續藏本，也作爲校本。

五、正文之注釋性文字，底本原作雙行夾注之小字，今改爲單行小字，以示區别。

六、本書校釋原則是：

（一）凡底本誤，據校本改正者，出校記説明；底本對而校本錯者，不出校記。

（二）底本與校本文字不同，但兩皆可通者，一般從底本，並出校記説明。

（三）底本所用俗字、古今字、異體字等，改作通行之標準繁體字，一般不出校記。

（四）通假字僅第一次出現時予以説明，以後則不出校記，並保留底本原字不變。

七、本書注釋，説明名相、概念、歷史人物、歷史事件，以及重要佛教經典和歷史文獻之出處。

禪源諸詮集都序叙〔一〕

唐綿州刺史裴休〔二〕述

圭峰禪師〔三〕集禪源諸詮爲禪藏，而都序之。河東〔四〕裴休曰，未曾有也。自如來現世，隨機〔五〕立教。菩薩間生，據病指藥。故一代時教，開深淺之三門〔六〕。一真淨心，演性相之别法〔七〕。馬、龍二士，皆弘調御之説，而空、性異宗〔八〕。能、秀二師，俱傳達磨之心，而頓漸殊稟〔九〕。荷澤直指知見〔一〇〕，江西一切皆真〔一一〕，天台專依三觀〔一二〕，牛頭無有一法〔一三〕。其他空有相破，真妄相收，反奪順取，密指顯説。故天竺、中夏，其宗實繁。良以病有千源，藥生多品，投機隨器，不得一同。雖俱爲證悟之門，盡是正真之道，而諸宗門下，通少局多，故數十年來，師法益壞。以承稟爲户牖，各自開張。以經論爲干戈，互相攻擊。情隨函矢而遷變，孟子曰：「矢人豈不仁於函人哉？函人唯恐傷人，矢人唯恐不傷人。」〔一四〕蓋所習之術然也。今學者但隨宗徒，彼此相非耳。函字，唐韻從金〔一五〕。鋡者，鎧甲也。周禮「函人爲甲」〔一六〕，即造甲之人。古字多單爲之，故孟子亦單作。法逐人我以高低。是非紛拏，莫能辨析。則向者世尊、菩薩、諸方教宗，適足以起諍後人，增煩惱病，何利益之有哉？

校　釋

〔一〕此叙全唐文題釋宗密禪源詮序，文中無夾注。

〔二〕裴休（七九七—八七〇）：字公美，孟州濟源（今河南濟源）人，晚唐名臣。宣宗年間任同中書門下平章事，兼諸道鹽鐵轉運使，改革漕法，立税茶法，功在當代。休能文章，善書法，操守嚴正，進止雍閑。裴家世代奉佛，休師從黄檗希運、圭峰宗密等高僧，尤深於釋典。綿州州治在今四川綿陽。

〔三〕圭峰禪師：即宗密，長住終南山圭峰蘭若，人以此静修處尊稱之。

〔四〕河東：唐宣宗大中七年，休受封河東縣子。河東縣治在今山西永濟。

〔五〕機：根機、機緣。學佛者的心智狀態，有高低大小之别，佛家緣此以爲教化之方。

〔六〕深淺之三門：指聲聞乘、緣覺乘、菩薩乘。

〔七〕一真淨心句：法性宗學者認爲，衆生皆有唯一真實清淨之心，此一心開出二門，是煩惱之源，也是解脱之本。性相之别法，指法性宗與法相宗的不同法門。

〔八〕馬、龍二士句：馬、龍二士指馬鳴與龍樹兩位菩薩。龍樹著中論、十二門論，爲空宗創始人。馬鳴被認爲是大乘起信論的作者，該論屬於有宗。詳見三一頁「馬鳴」「龍樹」注。調御即調教駕馭。一切衆生無有智慧，如來與菩薩説法，隨機啓發，好比調御師馴馭牛馬。

佛本行經歎定光佛品第二四：「調御六情馬，駕乘六度車。」

〔九〕能、秀二師句：惠能與神秀，禪宗五祖弘忍的兩個弟子，惠能説頓，神秀説漸。達磨亦譯達摩，印度高僧，中國禪宗初祖。其所傳心即如來藏清淨心。詳見一一頁「如來藏藏識」注，四四頁「乾栗陁耶」注。

〔一〇〕荷澤直指知見：惠能弟子神會，以知爲心體，知爲衆妙之門。見三二頁「荷澤」注。

〔一一〕江西一切皆真：江西馬祖道一的洪州宗認爲，起心動念，彈指動目，所作所爲，皆是本心，皆是佛性，所以一切皆真。道是心，惡亦是心。不可將心還修於心，不可將心還斷於心。不斷不造，任運自在，就是解脱人。詳見三二頁「江西」注。

〔一二〕三觀：天台宗之三種觀法，一爲空觀，二爲假觀，三爲中觀。與該宗三諦之理同。詳見一九頁「三諦」「三止三觀」注。

〔一三〕牛頭無有一法：唐牛頭法融主張「絶觀忘守」，無心可守，無法可觀，故説無有一法。見三三頁「牛頭」注。

〔一四〕孟子公孫丑上：「矢人豈不仁於函人哉？矢人唯恐不傷人，函人唯恐傷人。」

〔一五〕見孫氏唐韻考卷二。

〔一六〕「函人爲甲」：語出周禮冬官考工記，見周禮注疏卷四〇。

圭峰大師久而歎曰，吾丁此時，不可以默矣。仲尼删詩書，正禮樂，皆不得已而爲之，故述而不作，乃聖人貴道不貴跡意。道吾久修，當宗佛法，今忽和會諸宗，豈欲立跡哉？不得已也。丁，當也。正當須和會之時也。於是以如來三種教義〔一〕，印禪宗三種法門〔二〕。融瓶盤釵釧爲一金，攪酥酪醍醐爲一味〔三〕。振綱領而舉者皆順，荀子云，如振裘領，屈五指而頓之，順者不可勝數也〔四〕。據會要而來者同趨。趨字，平聲呼之。周易略例云：「據會要以觀方來，則六合輻輳，未足多也。」〔五〕都序據圓教〔六〕以印諸宗，雖百家亦無所不統也。尚恐學者之難明也，又復直示宗源之本末，真妄之和合，空性之隱顯，法義之差殊，頓漸之異同，遮表之迴互，權實之深淺，通局之是非。此下歎叙述顯明，而丁寧欲人悟也。莫不提耳而告之，毛詩云：「匪面命之，言提其耳。」〔七〕當時疾彼人不修德荒亂，言我不對面向汝説，又提耳起耳，就耳邊告汝，汝終不改也。意説丁寧之甚。指掌而示之，論語云：「『知其説者之於天下也，其如視諸斯乎！』指其掌。」〔八〕言夫子語了，指自手掌示弟子，言見此事分明，如掌中之物易了。嚬呻以吼之〔九〕，愛軟以誘之〔一〇〕。此下歎慈悲憂念，如養赤子也。乳而藥之，憂佛種之夭傷也。無少善根而作闡提〔一一〕，是夭傷也。腹而擁之，毛詩云，「腹我」「顧我」〔一二〕，言慈母念幼子，腹中抱我，暫起去又回頭顧我，念惜之深也。念水火之漂焚也。欲是水火。挈而導之，懼邪小之迷陷也。既有善根，又離五欲，復恐不入於大乘也。揮而散之，悲鬬爭之牢固也。大明不能破長夜之昏，慈母不能保身後之子。此下歎悲智與佛同也。佛日雖盛，得吾師然後回光曲照。佛慈悲雖普，得吾師然後弘益彌多。若吾師者，捧佛日而委曲回照，疑曀〔一三〕盡除。順佛心而横亘大悲，窮劫蒙益。則世尊爲闡教之主，吾師爲會教之人。本末相扶，遠近相照，可謂畢一代時教之能事矣。自世尊演教至今日，會而通之，能事方畢。

校釋

〔一〕如來三種教義：依宗密，它們是：一密意依性説相教，二密意破相顯性教，三顯示真心即性教。詳見卷上之二。

〔二〕禪宗三種法門：依宗密，它們是：一息妄修心宗，二泯絶無寄宗，三直顯心性宗。詳見卷上之二。

〔三〕瓶盤釵釧：瓶盤釵釧，皆爲金器。酥酪醍醐，皆爲乳制品。故可融爲一金，攪爲一味。

〔四〕荀子勸學：「若挈裘，詘五指領而頓之，順者不可勝數也。」

〔五〕見王弼周易略例卷一〇。會要，綱領、樞紐。

〔六〕圓教：大乘最高圓滿之實教。此教不局不偏，圓融圓滿圓頓，事理無礙。

〔七〕見詩經大雅蕩之什抑。

〔八〕見論語八佾。

〔九〕嚬呻以吼之：獅子打呵欠並發出吼聲，喻佛自由自在講述佛法，振聾發聵。

〔一〇〕愛軟以誘之：慈愛温柔地加以引導。

〔一一〕闡提：一闡提迦（梵 icchantika）之略，指無有善根佛性，不能成佛之人。

〔二〕詩經小雅蓼莪：「父兮生我，母兮鞠我。拊我畜我，長我育我。顧我復我，出入腹我。欲報之德，昊天罔極。」

〔三〕疑噎：懷疑與暗昧。

或曰，自如來未嘗大都而通之，今一旦違宗趣而不守，廢關防而不據，無乃乖祕藏〔一〕密契之道乎？答曰，佛於法華、涅槃會〔二〕中，亦已融爲一味，但昧者不覺。故涅槃經迦葉菩薩曰，諸佛有密語，無密藏。世尊讚之曰：「如來之言，開發顯露，清淨無翳，愚人不解，爲之祕藏。智者了達，則不名藏。」〔三〕此其證也。故王道興則外户不閉，而守在戎、夷。佛道備則諸法總持，而防在魔、外，涅槃圓教，和會諸法，唯簡別魔説及外道邪宗耳。不當復執情攘臂於其間也。嗚呼！後之學者，當取信於佛，無取信於人。當取證於本法，無取證於末習。都序以佛語印諸宗，以本法照偏説，故丁寧勸其深信。能如是，則不孤圭峰劬勞之德矣。「哀哀父母，生我劬勞」〔四〕，吾師之德，過於是矣。後之人觀其法而不生悲感，木石無異。且須保重也。

校釋

〔一〕祕藏：即秘密藏，謂非普通人所可了知的秘密法門。

〔二〕法華、涅槃會：世尊主持的兩次法會。法華會約在其七十五歲時，講贊法華經。涅槃會在其臨滅度時，講涅槃經。

〔三〕迦葉與世尊之語：均出自曇無讖譯大般涅槃經卷五如來性品第四之二。

〔四〕語見詩經小雅蓼莪。

禪源諸詮集都序卷上之一

〔一〕亦名禪那理行諸詮集。

圭峰山〔二〕沙門宗密述

禪源諸詮集者，寫録諸家所述詮表禪門根源道理文字句偈，集爲一藏，以貽後代，故都題此名也。「禪」是天竺之語，具云禪那〔三〕，中華翻爲思惟修，亦名靜慮，皆定慧〔四〕之通稱也。「源」者，是一切衆生本覺〔五〕、真性〔六〕，亦名佛性，亦名心地。悟之名慧，修之名定，定慧通稱爲禪那。此性是禪之本源，故云「禪源」。「亦名禪那理行」者，此之本源是禪理，忘情契之是禪行，故云「理行」。然今所集諸家述作，多談禪理，少談禪行，故且以「禪源」題之。

校釋

〔一〕禪源諸詮集都序卷上之一：永樂北藏本、清藏本作「禪源諸詮集卷上」，金陵刻經處本、卍續藏本作「禪源諸詮集都序卷一」。

〔二〕圭峰山：在陝西鄠縣東南，其形如圭。下有草堂寺，爲宗密道場。寺東有小圭峰，宗密葬此。

〔三〕禪那：梵文 dhyāna 之對音，禪是其略。

〔四〕定慧：定爲禪定，慧爲智慧。戒定慧是佛之三教，佛家之三學。翻譯名義集示三學法篇四三：「世尊立教法有三焉，一者戒律，二者禪定，三者智慧。斯之三者，至道之由户，泥洹之關要。戒乃斷三惡之干將也，禪乃絶分散之利器也，慧乃濟藥病之妙醫也。今謂防非止惡曰戒，息慮靜緣曰定，破惑證真曰慧。」故下云：「悟之名慧，修之名定。」

〔五〕本覺：法性宗認爲，衆生心本來自性清淨，無任何妄想，昭昭靈靈，有覺知之品德功用。此爲生來固有，故稱本覺。大乘起信論曰：「法界一相即是如來平等法身，依此法身説名本覺。何以故？本覺義者，對始覺義説，以始覺者即同本覺。始覺義者，依本覺故而有不覺，依不覺故説有始覺。」迷其本覺而有不覺，悟其迷妄而有始覺。本覺與不覺，不一不異。

〔六〕真性：真實不變的本性。空宗認爲，真性即是空性。法性宗以爲，真性即是衆生空淨之本心。法苑珠林會意部第四：「如正觀理時，當思諸障本唯空寂，常與諸佛同一真性。」五燈會元卷四杭州徑山鑒宗禪師：「佛祖正法，直截亡詮。汝筭海沙，於理何益？但能莫存知見，泯絶外緣，離一切心，即汝真性。」

今時有但目真性爲禪者，是不達理行之旨，又不辨華、竺之音也。然亦非離真性別有禪體，但衆生迷真合塵，即名散亂；背塵合真，方名禪定。若直論本性，即非真非妄，無背無合，無定無亂，誰〔一〕言禪乎？況此真性，非唯是禪門之源，亦是萬法〔二〕之源，故名法性〔三〕；亦是衆生迷悟之源，故名如來藏藏識〔四〕；出楞伽經。亦是諸佛萬德之源，故名佛性〔五〕；涅槃等經。亦是菩薩萬行之源，故名心地〔六〕。梵網經心地法門品云：「是諸佛之本源，是菩薩道之根本，是大衆諸佛子之根本。」〔七〕

校釋

〔一〕誰：何或如何之意。

〔二〕法：法義廣大，略有四種：教法、因緣、德、現象。萬法之法指現象，意爲所有現象。

〔三〕法性：萬法無二無別的真實相，證悟法性是解脱生死，成就佛果的關鍵。空宗認爲，本無、性空，是此法性。肇論宗本義：「本無、實相、法性、性空、緣會，一義耳。何則？一切諸法，緣會而生。緣會而生，則未生無有，緣離則滅。如其真有，有則無滅。以此而推，故知雖今現有，有而性常自空。性常自空，故謂之性空。性空故，故曰法性。法性如是，故曰實相。」法性宗以真常心爲緣起與寂滅所依之本體，真常心即是法性。

〔四〕如來藏藏識：如來藏與藏識之合稱。如來藏是法性宗之重要概念，指即心即性，爲迷妄所依而自性本淨的真心。因本淨而與一切無漏功德相應，悟之即成佛。但爲無始來的虚妄雜染所熏，成爲藏識，即阿賴耶識，它含藏一切種子，能生萬法，是雜染生死因。宋求那跋陀羅譯楞伽阿跋多羅寶經卷四：「佛告大慧，如來之藏，是善不善因，能遍興造一切趣生。譬如伎兒，變現諸趣，離我我所。不覺彼故，三緣和合，方便而生。外道不覺，計著作者，爲無始虚僞惡習所熏，名爲識藏，即阿賴耶識。阿賴耶識含藏一切種子，故稱藏識，生無明住地，與七識俱。如海浪身，常生不斷。離無常過，離於我論，自性無垢，畢竟清淨。」宗鏡録卷一九：「一切衆生，有如來藏，能爲佛因，名有佛性。如一切色中，皆有空性。然非獨有情具如來之正性，一切諸法中皆有安樂性，所以云：若以肉眼觀，無真不俗；若以法眼觀，無俗不真。」

〔五〕佛性：佛之本性，即能證得解脱的佛智。北涼天竺三藏曇無讖譯大般涅槃經卷五：「佛性者，即真解脱。真解脱者，即是如來。」

〔六〕心地：與本心、心體義同，因心能生萬法，是修行與解脱的根本，故稱心地。梵網經盧舍那佛説菩薩心地戒品卷一〇下：「我已百劫修行是心地，號吾爲盧舍那。汝諸佛轉我所説，與一切衆生開心地道。」

〔七〕見鳩摩羅什譯梵網經盧舍那佛説菩薩心地戒品第一〇卷下。

萬行不出六波羅蜜〔一〕，禪門但是六中之一，當其第五，豈可都目真性爲一禪行哉？

然禪定一行最爲神妙，能發起性上無漏智慧〔二〕。一切妙用，萬德萬行，乃至神通光明，皆從定發。故三乘學人〔三〕欲求聖道，必須修禪，離此無門，離此無路。至於念佛求生淨土〔四〕，亦須修十六觀禪〔五〕，及念佛三昧〔六〕、般舟三昧〔七〕。

校　釋

〔一〕六波羅蜜：波羅蜜（梵 pāramitā）意爲度到涅槃之彼岸。六波羅蜜亦稱六度，即六種度到彼岸之方法：布施、持戒、忍辱、精進、禪定、智慧。禪定位第五。提雲般若等譯大方廣佛花嚴經修慈分：「於念念中，常具修行六波羅蜜，速能逮及諸忍之地，速得圓滿無上正覺。具足十力、四無所畏、十八不共法、三十二相、八十種好，最上功德，莊嚴其身；盡於未來，常住安樂；亦能除滅一切衆生無始已來諸業重障。」

〔二〕無漏智慧：擺脱染污與煩惱的純真無垢的清淨智慧，可以斷惑證理。楞嚴經要解卷十七：「因心能發無漏智慧，斷盡塵惑，至於圓明，即出三界，不住小果，入菩薩乘，是名回心大阿羅漢。」

〔三〕三乘：乘，意爲運載，比喻能運載衆生到達解脱彼岸的種種教法。三乘，即聲聞乘、辟支佛乘、菩薩乘，是對三種不同的人所施的三種不同教法，能使他們最終證得不同的果。大小乘各有三乘，又有合論之三乘。法華經譬喻品曰：「若有衆生，内有智性，從佛世尊聞法信受，慇懃精進，欲速出三界，自求涅槃，是名聲聞乘，如彼諸子爲求羊車出於火宅。若有衆生，從佛世尊聞法信受，慇懃精進，求自然慧，樂獨善寂，深知諸法因緣，是名辟支佛乘，如彼諸子爲求鹿車出於火宅。若有衆生，從佛世尊聞法信受，勤修精進，求一切智、佛智、自然智、無師智，如來知見、力、無所畏，愍念安樂無量衆生，利益天人，度脱一切，是名大乘。菩薩求此乘故，名爲摩訶薩，如彼諸子爲求牛車出於火宅。」

〔四〕淨土：佛所居住之地，無五濁之垢染，故稱淨土，亦稱佛界、佛國、淨國。法苑珠林卷一五：「世界皎潔，目之爲淨。即淨所居，名之爲土。故攝論云，所居之土無於五濁，如玻瓈珂等，名清淨土。法華論云，無煩惱衆生住處名爲淨土。淨土不同，有其四種：一法性土，二實報土，三事淨土，四化淨土。」

〔五〕十六觀禪：畺良耶舍譯佛説觀無量壽佛經載，佛爲阿難及韋提希夫人講説往生西方極樂世界之十六種觀法，以此爲指導的禪即十六觀禪。十六種觀法依次是日想、水想、地想、樹想、八功德水想、總觀想、花座想、遍觀一切色想、觀觀世音菩薩真實色身想、觀大勢至色身想、普觀想、雜觀想、上輩生想、中輩生想、下輩生想等等。

〔六〕念佛三昧：三昧（梵 samādhi）意爲定、息慮凝心等。念佛三昧即以念佛修三昧，或心想佛之形象或念佛之名號來修行，此爲因行的念佛三昧。修行者由此得見佛身現前，或心入禪定，此爲果成之念佛三昧。大方等大集經卷二七：「心數思惟所緣住法，不取其相，不生分別，不受不著，不然不滅，不生不出。法性平等，猶如虚空，過於眼色耳聲鼻香舌味身觸心法，是名菩薩念佛三昧。」

〔七〕般舟三昧：般舟意爲佛立，修行此種三昧能見諸佛現前，故名。摩訶止觀卷二：「二常行三昧者，先方法，次勸修。方法者，身開遮，口説默，意止觀。此法出般舟三昧經，翻爲佛立。佛立三義：一、佛威力，二、三昧力，三、行者本功德力。能於定中，見十方現在佛在其前立，如明眼人清夜觀星，見十方佛亦如是多。故名佛立三昧。」

又真性則不垢不淨，凡聖無差。禪則有淺有深，階級殊等，謂帶異計，欣上厭下而修者，是外道禪〔一〕；正信因果，亦以欣厭而修者，是凡夫禪〔二〕；悟我空偏真之理而修者，是小乘禪〔三〕；悟我法二空所顯真理而修者，是大乘禪〔四〕。上四類，皆有四色、四空〔五〕之異也。若頓悟自心本來清淨，元無煩惱，無漏智性〔六〕，本自具足，此心即佛，畢竟無異，依此而修者，是最上乘禪〔七〕，亦名如來清淨禪〔八〕，亦名一行三昧〔九〕，亦名真如三昧〔一〇〕。此是一切三昧根本，若能念念修習，自然漸得百千三昧。達摩〔一一〕門下展轉相傳者，是此禪也。達摩未到，古來諸家所解，皆是前四禪八定〔一二〕，諸高僧修之，皆得功用。

校釋

〔一〕外道禪：佛教稱一切佛教以外的宗教教義及其修習者爲外道。外道以錯誤的觀念、欣上厭下的態度習禪，是爲外道禪。

〔二〕凡夫禪：凡夫是與佛、菩薩等相對的普通人，雖已信奉佛家因果，但仍以欣上厭下的態度習禪，是爲凡夫禪。

〔三〕小乘禪：小乘即小教，針對小機人。其人限於智慧，於佛道僅悟我空片面真理，主張灰身滅智，其所得之果爲阿羅漢、辟支佛。小乘所習之禪爲小乘禪。摩訶止觀卷三：「小者小乘也，智慧力弱，但堪修析法止觀，析於色心。」

〔四〕大乘禪：大乘即大教，針對大機人，其人能夠理解一切佛智，悟我法皆空，成就不生不滅之道，所得之果爲菩薩、佛。大乘所習之禪爲大乘禪。摩訶止觀卷三：「大者大乘也。智慧深利，修不生不滅體法止觀。大人所行，故名大乘。」大小乘説法源自大乘佛徒，小乘並不自以爲小。

〔五〕四色、四空：四色指修色界四禪所得果報，共有梵衆天、少光天、少淨天、無雲天、色究竟天等十八天。四空，即無色界之四空處，又稱四無色天，爲修四無色定而得果報，即空無邊處天、識無邊處天、無所有處天、非想非非想處天。

〔六〕無漏智性：無漏與有漏相對，有漏謂有煩惱，無漏謂無煩惱。無漏智，謂三乘之人離煩惱雜染之清淨智。此智實爲衆生之本性，故曰無漏清淨智。鳩摩羅什譯妙法蓮華經方便品第二：「度脱諸衆生，入佛無漏智。」宗鏡録卷一三：「且衆生無漏智性，本自具足。以客塵所蔽，似鏡昏塵。但能知鏡本明，塵即漸盡。客塵盡處，真性朗然。」

〔七〕最上乘禪：最高級的禪定，指達摩禪。

〔八〕如來清淨禪：相信自心本來清淨而修的禪定。六祖大師法寶壇經宣詔第九：「道由心悟，豈在坐也？經云，若言如來若坐若卧，是行邪道。何故？無所從來，亦無所去，無生無滅，是如來清淨禪。諸法空寂，是如來清淨坐。究竟無證，豈況坐耶？」

〔九〕一行三昧：一種禪修方法。念佛名字，從而契入泯然無相、平等不二的法界一相，見三世諸佛，即入一行三昧。梁譯文殊師利所説摩訶般若波羅蜜經提出一行三昧説，以爲欲入一行三昧，須先聞般若波羅蜜，「應處空閑，捨諸亂意，不取相貌，繫心一佛，專稱名字。隨佛方所，端身正向，能於一佛念念相續，即是念中，能見過去未來現在諸佛」。一行三昧是東山法門的重要内容。

〔一〇〕真如三昧：觀真如無相之理，而消除妄惑之禪定。大乘起信論：「真如三昧者，不住見相，不住得相，乃至出定亦無懈慢，所有煩惱漸漸微薄。若諸凡夫不習此三昧法，得入如來種性，無有是處。」宗密認爲，真如三昧與一行三昧是一回事。

〔一一〕達摩：印度高僧菩提達摩，梵文 Bodhidharma，意爲道法，略爲達摩或達磨。梁普通元年（五二〇），他泛海至廣州，後赴建業，與梁武帝問答不契，遂渡江，止嵩山少林寺，終日壁觀。其禪法廣爲流傳，形成禪宗。後分爲南北，衍爲五葉，唐五代間風靡全國。禪宗史書尊其爲中土禪宗初祖，西天第二十八祖。宗密認爲，達摩禪即超越大乘禪之最上乘禪。

〔二〕四禪八定：四禪即色界之四種禪。八定爲色界之四禪與無色界之四無色定（空無邊處定、識無邊處定、無所有處定、非想非非想處定）的總稱，與其相對者爲欲界之散亂。宗統編年卷八：「普通以前，直指之道，未來東震，最上風規無聞焉。而譯經弘法之士，皆大龍香象，神力變化，未有以奮發沉鍊之，其習禪者，皆四禪八定，而非祖師立地超脱、頓漸絶迹之旨。」

南岳〔一〕、天台〔二〕，令依三諦〔三〕之理，修三止三觀〔四〕。教義雖最圓妙，然其趣入門户次第，亦只是前之諸禪行相〔五〕。唯達摩所傳者，頓同佛體，迥異諸門，故宗習者難得其旨。得即成聖，疾證菩提〔六〕；失即成邪，速入塗炭〔七〕。先祖革昧〔八〕防失，故且人傳一人。後代已有所馮，故任千燈千照〔九〕。暨乎法久成弊，錯謬者多，故經論學人疑謗亦衆。

校　釋

〔一〕南岳：天台宗二祖南岳慧思（五一五—五七七），北魏武津人。慧思早年出家，遍訪名僧，得慧文所傳空假中三觀及禪慧並重之學，後由齊至陳，卓錫南岳。他大開定慧之門，改變南方偏重理論之風氣，於般若、法華有獨到理解。著作有諸法無諍三昧法門、大乘止觀法門、立誓願文等。

〔二〕天台：指天台宗三祖天台智顗（五三八—五九七），世稱智者大師，梁華容人。他曾依止慧思禪師，得其真傳；後常在金陵、天台、揚州間弘法，深得陳、隋國主禮敬；最後棲止天台。入滅後隋楊廣遵其遺願，建國清寺，作爲天台宗祖庭。智顗著述頗豐，主要有法華經玄義、法華經文句、摩訶止觀等，建立起三諦圓融、止觀並重的理論，是天台宗的真正開宗祖師，影響深遠。

〔三〕三諦：諦，真實正確，指佛教真理。三諦即天台宗所説的空諦、假諦、中諦。空諦謂萬法皆由因緣而生，本無自性，因而是空。假諦謂萬法之存在爲假有，而非無有。中諦謂全面真理是空有結合，萬法本性爲真空，其存在爲假有。湛然始終心要注：「夫三諦者，天然之性德也。中諦者，統一切法。真諦者，泯一切法。俗諦者，立一切法。舉一即三，非前後也。含生本具，非造作之所得也。」

〔四〕三止三觀：止觀是佛教修爲方法，亦稱定慧、寂照、明靜等，有止與觀兩個方面。止即停其妄念，止於諦理，無有動摇。觀即觀智通達，契會真如，消解煩惱。三止三觀則是天台宗將止觀與三諦統一起來的特色止觀法門。三止即體真止、方便隨緣止、息二邊分别止。三觀即對三諦的通透理解。三諦是「天然之性德」，建立了三觀便可以破三惑，證三智，成三德。湛然始終心要注：「空觀者，破見思惑，證一切智，成般若德。假觀者，破塵沙惑，證道種智，成解脱德。中觀者，破無明惑，證一切種智，成法身德。」

〔五〕行相：心識緣境而行，於是在行解心上産生種種不同類别的相，此即行相。俱舍論疏卷四：「能緣心法，於所緣境品類不同，行解心上起品類相，如鏡照物，如其物類於鏡面上有種種像差别之相，與其心法不即不離，非如像色與鏡不同。」此處指習禪者的作爲與所得心理效果。

〔六〕菩提：梵文 bodhi 之對音，意爲道或覺，是斷絶煩惱而成就的涅槃智慧，得即成佛。

〔七〕塗炭：塗爲泥，炭爲火。入塗炭喻陷入災難境地。坐禪不當容易走火入魔，産生精神疾病。

〔八〕革昧：革除愚昧。昧：底本作眛，據餘本改。

〔九〕千燈千照：燈，原爲佛堂六種供具之一，照明之用。後以燈喻傳法之禪匠，照則喻各有特色之傳法活動。

原夫佛説頓教、漸教〔一〕，禪開頓門、漸門〔二〕。二教二門，各相符契。今講者〔三〕偏彰漸義，禪者偏播頓宗。禪講相逢，胡越之隔。宗密不知宿生何作，熏得此心，自未解脱，欲解他縛。爲法忘於軀命，愍人切於神情。亦如淨名云，「若自有縛能解他縛，無有是處。」〔四〕然欲罷不能，驗是宿世難改。每歎人與法差，法爲人病，故别撰經律論疏，大開戒定慧門。顯頓悟資於漸修，證師説符於佛意。意既本末而委示，文乃浩博而難尋。泛學雖多，秉志者少。況迹涉名相，誰辨金鍮〔五〕？徒自疲勞，未見機感。雖佛説悲增〔六〕是行，而自慮愛見難防。遂捨衆入山，習定均慧。前後息慮，相計十年。云前後者，中間被勅追入内，住城三年，方却表請歸山也。微細習情，起滅彰於靜慧。差別法義，羅列見於空心。虚隙日光，纖埃擾擾。清潭水底，影像昭昭。豈比夫空守默之癡禪，但尋文之狂慧者！

然本因了自心而辨諸教，故懇情於心宗〔七〕。又因辨諸教而解修心，故虔誠於教義。教也者，諸佛菩薩所留經論也。禪也者，諸善知識所述句偈〔八〕也。但佛經開張，羅大千八部〔九〕之衆。禪偈撮略，就此方一類之機。羅衆則滂蕩難依，就機即指的易用。今之纂集，意在斯焉。

校釋

〔一〕頓教、漸教：此指教理、教法的頓漸。依教理，頓成頓悟佛果之法，名爲頓教；經歷劫修行，方出生死之法，名爲漸教。依教法，對頓悟之機，自初直説大法，此爲頓教；對未熟之衆生，初説小法，漸次説大乘之法，此爲漸教。

〔二〕頓門、漸門：此指禪修的頓漸，此二門的差別，與上述二教的差別類似。

〔三〕講者：解説佛教經論義理的法師。他們與專重禪定實踐的禪師，自南北朝以來即存在矛盾。

〔四〕語出說無垢稱經卷三。

〔五〕鍮：黄銅或自然銅，貌似黄金。

〔六〕悲增：悲憫衆生之心很强。

〔七〕心宗：亦稱佛心宗，就是禪宗。禪宗以衆生心具有佛性，明心見性，即可成佛。宗鏡録卷六二：「以心爲宗，禪門正脈。」

〔八〕句偈：文句與偈頌。此指禪師爲抒發入悟體會，指示習禪門徑而説之句偈，一般有簡明、形象、神秘、常含悖論等特點。

〔九〕大千八部：大千即三千大千世界。世界有小千、中千、大千之别。四大洲、日月合起來，名爲一世界。一千世界名小千世界，千個小千世界名中千世界，千個中千世界名大千世界。八部即八部衆，是八類人眼看不見的衆生：一天衆、二龍衆、三夜叉、四乾闥婆、五阿修羅、六迦樓羅、七緊那羅、八摩睺羅迦。八部之中天、龍之衆最有神通，故亦稱天龍八部、龍神八部。

問：夫言撮略者，文須簡約，義須周足，理應撮束多義在少文中。且諸佛説經，皆具法、法體〔一〕。義、義理。因、三賢〔二〕、十地〔三〕、三十七品〔四〕、十波羅蜜〔五〕。果、佛之妙用〔六〕。信、信法。解、解義。修、歷位修因。證。證果。雖世界各異，化儀不同，其所立教，無不備此。故華嚴每會每位〔七〕，皆結十方世界悉同此說。今覽所集諸家禪述，多是隨問反質，旋立旋破，無斯綸緒，不見始終，豈得名爲撮略佛教？

校釋

〔一〕法體：有爲、無爲諸法的體性或本體。唐實叉難陀譯大方廣佛華嚴經（以下簡稱唐譯華嚴）卷一六：「法性本空寂，無取亦無見，性空即是佛，不可得思量。若知一切法，體性皆如是。」又卷三一：「菩薩爲此法故，行於無數難行之行，得此法體，善能饒益一切衆生，令諸衆生於此法中究竟安住。」

〔二〕三賢：大乘十住、十行、十迴向三因位之菩薩爲三賢。初地以上，乃至第十地即十果位之菩薩爲十聖。至初地而初會於理，所以名聖。俱舍論疏卷二二：「依仁王經，地前爲賢，地上名聖，經云三賢十聖故。」

〔三〕十地：與十住相對應。住從因說，指信奉佛理修行佛道。地從果說，指佛地之位，是住產生的功德果報。住與地各有十等，一一對應。初地乃至十地，爲十聖。十住經卷一：「此十地是菩薩最上妙道，最上明淨法門。」

〔四〕三十七品：亦曰三十七道品，是通向涅槃的三十七種方法。大般涅槃經卷二六：「菩薩修習三十七品，入大涅槃常樂我淨。」三十七品既是修爲項目，亦標誌入道淺深。由四念處、四正勤、四如意足、五根、五力、七覺分、八正道等七科法門組成。四念處是，一身念處，二受念處，三心念處，四法念處。四正勤是，一已生惡法爲除斷，一心勤精進；二未生惡法不令生，一心勤精進；三未生善法爲生，一心勤精進；四已生善法爲增長，一心勤精進。四如意足是，一欲如意足，二精進如意足，三心如意足，四思惟如意足。五根是，一信根，二精進根，三念根，四定根，五慧根。五力是，一信力，二精進力，三念力，四定力，五慧力。七覺分是，一擇法覺分，二精進覺分，三喜覺分，四除覺分，五捨覺分，六定覺分，七念覺分。八正道是，一正見，二正思惟，三正語，四正業，五正命，六正精進，七正念，八正定。詳見智顗法界次第初門。

〔五〕十波羅蜜：六波羅蜜前已注。依唯識論，六波羅蜜加上方便善巧波羅蜜、願波羅蜜、力波羅蜜、智波羅蜜，即爲十波羅蜜。

〔六〕妙用：永樂北藏本作「果用」，清藏本作「德用」。

〔七〕每會每位：華嚴經所載佛所主持之各講會，與所論各個因位果位。

答：佛出世立教，與師隨處度人，事體各別。佛教萬代依憑，理須委示。師訓在即時度脫，意使玄通。玄通必在忘言，故言下不留其迹。迹絶於意地，理現於心源。即信解修證，不爲而自然成就；經律疏論，不習而自然冥通。故有問修道，即答以「無修」；有求解脫，即反質「誰縛」；有問成佛之路，即云「本無凡夫」；有問臨終安心，即云「本來無事」。

或亦云，此是妄，此是真，如是用心，如是息業。舉要而言，但是隨當時事，應當時機，何有定法名阿耨菩提〔一〕？豈有定行名摩訶般若〔二〕？但得情無所念，意無所爲，心無所生，慧無所住，即真信真解，真修真證也。若不了自心，但執名教，欲求佛道者，豈不現見識字看經元不證悟，銷文釋義唯熾貪嗔耶？況阿難多聞總持〔三〕，積歲不登聖果。息緣反照，暫時即證無生〔四〕。即知乘教之益，度人之方，各有其由，不應於文字而責也。

校釋

〔一〕阿耨菩提：阿耨多羅三藐三菩提（梵 anuttara-samyak-saṃbodhi）之省，意爲無上正等正覺。聲聞、緣覺與佛所證菩提，高下不同，佛所證即阿耨菩提。勝鬘經疏義私鈔卷四：「阿耨多羅三藐三菩提者即是涅槃界，涅槃界者即是如來法身。得究竟法身者，則究竟一乘，無異如來，無異法身如來，即是法身。」

〔二〕摩訶般若：梵文 mahāprajñā之音譯，意爲大智慧。

〔三〕阿難多聞總持：佛有十大弟子，其中阿難（梵 Ānanda）最爲多聞。增一阿含經卷三：「世尊告諸比丘：（中略）我聲聞中，第一比丘，知時明物，所至無疑，所憶不忘，多聞廣遠，堪忍奉上，所謂阿難比丘是。」總持即「所至無疑，所憶不忘」，全部掌握之意。佛滅後阿難參與藏經之結集，貢獻良多。後得迦葉付囑正法眼藏，史稱禪宗天竺第二祖。

〔四〕無生：亦云無生滅，證得無生滅，即涅槃成佛。據緣起性空理論，萬法之生滅非真，實際是無生滅。認識到此，即可破生滅之煩惱。肇論新疏遊刃（中）：「清涼云，聲聞學無生般若者，便云一切諸法皆悉空寂，無生無滅等。但於嚴土利地，不生喜樂而趣於寂，故成聲聞乘也。若聞無生便知從緣生故無生等，成緣覺乘。若聞無生便知諸法本自不生，今則無滅，即生滅而無生滅，不礙於生滅。以此滅惡生善，利自利他，成菩薩乘。」

問：既重得意，不貴專文，即何必纂集此諸句偈？

答：集有二意。一、有雖經師授，而悟不決究，又不逢諸善知識處處勘契者，今覽之，遍見諸師言意，以通其心，以絶餘念。二、爲悟解了者，欲爲人師，令廣其見聞，增其善巧，依解攝衆，答問教授也。即上云羅千界即漭蕩難依，就一方即指的易用也。然又非直資忘言之門，亦兼垂禪教〔一〕之益。非但令意符於佛，亦欲使文合於經。既文似乖而令合，實爲不易。須判一藏經大小乘，權實〔二〕理，了義不了義〔三〕，方可印定諸宗禪門，各有旨趣，不乖佛意也。謂一藏經論統唯三種，禪門言教亦統唯三宗，各在下文別釋。配對相符，方成圓見。

校釋

〔一〕兼垂禪教：永樂北藏本作「兼禪垂教」。

〔二〕權實：用來分别佛門經教高下的概念。適於一時機宜的是權教，究竟而且不變的是實教。天台四教儀備釋上：「權謂權謀，暫用還廢；實謂實録，究竟旨歸。」天台宗判教有藏、通、别、圓四種，前三爲權，後一爲實。華嚴宗判小、始、終、頓、圓五教，頓教以下皆權，以上爲實。然而，權實雖分，實則相通。妙法蓮華經文句卷三上：「若雙照者，權即是實，實即是權，雖二而不二。」

〔三〕了義不了義：又一對分别佛門經教高下的概念，意義與權實相近。講説徹底終極圓滿佛法的爲了義，講説未了未盡之説者爲不了義。顯示名句施設的爲不了義，顯示甚深難見的爲了義。權理爲不了義，實理爲了義。如此等等。圓覺經略疏卷七：「大寶積經云：（中略）若諸經中宣説世俗，名不了義。宣説勝義，名爲了義。宣説煩惱業盡，名爲了義。宣説厭離生死，趣求涅槃，名不了義。宣説生死涅槃無二無别，名爲了義。宣説種種文句差别，名不了義。宣説甚深難見難覺，名爲了義。」一般認爲大乘屬於了義經教，小乘屬於不了義經教。然大乘中，空有二宗又自認了義而指對方爲不了義。

問：今習禪詮，何關經論？

答：有十所以。須知經論權實，方辨諸禪是非。又須識禪心性相〔一〕，方解經論理事。一、師有本末，憑本印末故。二、禪有諸宗，互相違阻故。三、經如繩墨，楷定邪正故。

四、經有權實，須依了義故。五、量〔二〕有三種，勘契〔三〕須同故。六、疑有多般，須具通決故。七、法義不同，善須辨識故。八、心通性相，名同義别故。九、悟修頓漸，言似違反故。十、師授方便，須識藥病故。

校　釋

〔一〕性相：萬法皆有内外兩個方面。性是其内在本體、本質，常在不變。相是其外在形態、狀貌，可以分别、認識。大智度論卷三一：「性相小有差别。性言其體，相言可識。」

〔二〕量：佛家確定真理的方法，計有三種，稱三量。一、現量，以親身現實感受確定真理。二、比量，以類比推理確定真理。三、佛言量，以佛的經教確定真理。楞伽阿跋多羅寶經註解卷二：「三種量者，謂現量、比量、聖言量也。量即楷定義，譬升斗量物也。現量者，現即顯現，親得法體，離妄分别，而非錯謬也。比量者，比即比類，比類量度而知其然，如隔山見煙必知有火，隔牆見角必知是牛，雖非親見亦非虚妄。聖言量者，謂以如來正教爲準繩故。」

〔三〕勘契：勘驗魚契。唐、宋之制，殿門開啓須核對魚契。其制，以檀木刻魚形，分爲左右，左留中，右付本司。車駕至門出右契，待勘契官驗與左合，始開殿門，謂之勘契。此指比對三量，如勘驗魚契，察其合否。

初，言「師有本末」者，謂諸宗始祖，即是釋迦。經是佛語，禪是佛意。諸佛心口，必不相違。諸祖相承，根本是佛親付。菩薩造論，始末唯弘佛經。況迦葉〔一〕乃至毱多〔二〕，弘傳皆兼三藏。提多迦〔三〕已下，因僧諍〔四〕，律教別行。罽賓國〔五〕已來，因王難〔六〕，經論分化。中間馬鳴〔七〕、龍樹〔八〕，悉是祖師，造論釋經，數千萬偈。觀風化物，無定事儀。未有講者毀禪，禪者毀講。達摩受法天竺，躬至中華。見此方學人多未得法，唯以名數〔九〕爲解，事相〔一〇〕爲行。欲令知月不在指，法是我心，故但以心傳心，不立文字。顯宗破執，故有斯言，非離文字説解脱也。故教授得意之者，即頻讚金剛、楞伽，云此二經，是我心要。今時弟子，彼此迷源。修心者以經論爲別宗，講説者以禪門爲別法。聞談因果修證，便推屬經論之家，不知修證正是禪門之本事。聞説即心即佛，便推屬胸襟之禪，不知心佛正是經論之本意。前叙有人難云，禪師何得講説？余今以此答也。今若不以權實之經論，對配深淺禪宗，焉得以教照心，以心解教？

校釋

〔一〕迦葉：梵文 Kāśyapa 之音譯，意爲飲光。佛弟子中，姓迦葉者五人。其中摩訶迦葉爲「頭陀第一」之羅漢，即此處所説迦葉。相傳世尊在靈鷲山拈天華示衆，百萬人天皆不理解，只有迦葉破顔微笑。世尊即以正法眼藏付囑。佛滅後迦葉主持第一次結集。禪宗尊其爲西天二十八祖之初祖。

〔二〕毱多：優婆毱多之略，梵名 Upagupta，意爲大護，近藏，近護，小護等，禪宗所説西天二十八祖之第四祖。

〔三〕提多迦：梵名 Dhrtaka，意爲通真量，優婆毱多之弟子，當印度阿育王時，禪宗所説西天二十八祖之第五祖。

〔四〕僧諍：指印度佛徒間的重大論戰，往往引起部派分裂。此處所説僧諍，當爲佛滅百餘年後，阿育王時代，教團因諍論大天五事，結果分裂爲大衆與上座二部。上座部重律，大衆部重教。五事爲，一餘所誘，二無知，三猶預，四令他入，五道因聲起。詳見阿毘達磨大毘婆沙論卷九九。

〔五〕罽賓國：西域古國之一，在犍陀羅以北的雪山區，氣候偏涼，宜於禪修。罽賓也常用來指其周圍整個地區，包括多個西域古國，漢、晉指犍陀羅、烏仗那一帶，隋、唐指迦濕彌羅、迦畢試。地處葱嶺以西，阿富汗以東，波斯以南，印度以北，高附河與須呵多河流域。阿難弟子末田底迦始來弘法，後佛法大盛，此地成爲恒河流域以外的佛教中心，對中土佛教影響較大。

〔六〕王難：國王大規模毀塔壞寺，殺戮信衆的滅佛事件。由於印度經典中史實多以傳説、預言方式出現，此處所説王難之時間地點及禍首難以確指。在王難中受到打擊的主要是小乘佛教，這與其只求個人解脱以及僧團腐敗等有關。小乘受挫，主張利己利他的大乘佛教乘勢崛起。

〔七〕馬鳴：本名阿濕縛窶沙（梵 Aśvaghoṣa），佛滅後六百年出世之大乘論師，其紀傳諸説不同。一説因其顯神通現千百白馬，令千百鳥鳴，故稱馬鳴菩薩。禪宗尊其爲西天之第十二祖。

〔八〕龍樹：菩薩名，那伽曷樹那（梵 Nāgārjuna）之意譯，亦譯龍猛，南天竺人，佛滅後七百年出世，馬鳴再傳弟子，史上最偉大的大乘論師，著有大智度論、中論、十二門論等經典，創中觀宗。爲後來各派推尊，稱顯密八宗之祖師，禪宗尊爲西天第十四祖。有入龍宫賫華嚴經，開鐵塔傳密藏的神話傳説。

〔九〕名數：佛經中常見帶有數目字之事類，如三界，四諦，五蘊，六道，八識等。此處指經論中的名詞概念。

〔一〇〕事相：有生有滅之有爲法叫做事相。此指僧人不開悟，在寺中虚應故事，走過場而已。

二、「禪有諸宗，互相違反」者，今集所述殆且百家，宗義别者猶將十室，謂江西〔一〕、荷澤〔二〕、北秀〔三〕、南侁〔四〕、牛頭〔五〕、石頭〔六〕、保唐〔七〕、宣什〔八〕，及稠、那〔九〕、天台等，立宗傳法，互相乖阻。有以空爲本，有以知爲源；有云寂默方真，有云行坐皆是；有云見今朝暮分別爲作，一切皆妄，有云分別爲作，一切皆真；有萬行悉存，有兼佛亦泯；有放任其志，有拘束其心；有以經律爲所依，有以經律爲障道。非唯汎語，而乃確言，確弘其宗，確毀餘類，爭得〔一〇〕和會也？

校釋

〔一〕江西：指唐馬祖道一禪師（七〇九—七八八），他是惠能門下南岳懷讓禪師的弟子，長期在江西弘法。其宗派稱爲洪州宗，後來成爲中國禪宗的主流，馬祖之下有潙仰、臨濟，以及楊岐、黄龍等派。詳見景德傳燈録卷六。

〔二〕荷澤：指唐洛陽荷澤寺神會禪師（六七〇—七六二），相傳爲六祖惠能的法嗣。六祖圓寂後頓宗之旨不傳，而神秀的漸宗盛行於北方，神會入京辨南北頓漸之優劣，取得勝利，後來頓宗大行於世。著有顯宗記等。詳見景德傳燈録卷五。

〔三〕北秀：唐神秀禪師（六〇六—七〇六），禪宗五祖弘忍之弟子，長期在長安、洛陽弘法，是唐中宗、睿宗及武后的門師，人稱「兩京法主，三帝門師」。神秀倡導漸修，其法於北方盛行一時，後爲頓宗取代。詳見宋高僧傳卷六。

〔四〕南侁：唐智侁禪師（六〇九—七〇二），侁，一作詵。居資州（今屬四川，州治在資中縣北）德純寺，爲弘忍十三弟子之一，淨衆宗的開創者。主張無憶無念莫忘，即不追憶已過之境，不思慮未來的得失榮辱，並對此永遠不忘，不昏不錯。詳見景德傳燈録卷四。

〔五〕牛頭：指唐牛頭山法融禪師（五九四—六五七），又稱慧融，長期在金陵牛頭山修禪講經，有心銘、絶觀論等篇傳世。中唐時期牛頭宗與荷澤宗、洪洲宗鼎立爲三，法融被尊爲牛頭初祖。有禪宗史説四祖道信親赴牛頭山，點化法融並加以印可。此説不可信。法融信奉三論宗的無心之理，主張「絶觀忘守」，無心可守，無法可觀。與道信之守一、守心等觀念相反。詳見續高僧傳卷二〇。

〔六〕石頭：指唐衡山南寺希遷禪師（七〇〇—七九〇），曾於寺東石臺結庵坐禪，人稱石頭希遷，爲惠能再傳青原行思之弟子，其下開出曹洞、雲門、法眼等宗派。詳見景德傳燈録卷一四。

〔七〕保唐：唐成都保唐寺無住禪師（七一四—七七四），保唐宗的開創者，主張「教行不拘而滅識」，以爲佛門事項皆爲妄想，完全不應做，只有滅識方爲真修，不論善惡，起心即妄，不起心即真。號稱五祖弟子，但深受惠能影響。詳見景德傳燈録卷四。

〔八〕宣什：五祖門下之宣什禪師，生卒年不詳，長期在四川果閬傳法，創立宣什宗，即南山念佛門禪宗。此宗特點是「借傳香而存佛」。禪師在授法時將香作爲信物傳與弟子，是爲傳香。存佛即是念佛時存想有佛在心中。

〔九〕稠、那：即卷二之上所説「慧稠、求那」。慧稠（亦稱惠稠），隋代高僧，曾參智顗禪師，學習三觀；後居南岳，背誦華嚴六十卷，法華萬遍，傳説感動山神，爲之添香散花。求那即印度僧人求那跋陀羅（三九四—四六八），梵Guṇabhadra意譯爲功德賢，中天竺人，深通大小乘佛法，宋元嘉十二年（四三五），泛海來華，在金陵一帶弘法，爲南朝皇帝、貴族所敬重。他廣譯佛經，其中勝鬘經、央掘魔羅經、楞伽經等，闡述如來藏思想與禪法，是地論師以及禪宗的重要理論依據。詳見高僧傳卷三。

〔一〇〕爭得：怎得，怎么能夠。

問：是者即收，非者即揀，何須委曲和會？

答：或空或有，或性或相，悉非邪僻。但緣各皆黨己爲是，斥彼爲非，彼此確定，故須和會。

問：既皆非邪，即各任確定，何必會之？

答：至道歸一，精義無二，不應兩存。至道非邊，了義不偏，不應單取。故必須會之爲一，令皆圓妙。

問：以冰雜火，勢不俱全。將矛刺盾，功不雙勝。諸宗所執，既互相違，一是則有一非，如何會令皆妙？

答：俱存其法，俱遣其病，即皆妙也。謂以法就人即難，以人就法即易。人多隨情互執，執即相違。誠如冰火相和，矛盾相敵，故難也。法本稱理互通，通即互順，自然凝流皆水，鐶釧皆金，故易也。舉要而言，局之則皆非，會之則皆是。若不以佛語，各示其意，各收其長，統爲三宗，對於三教，則何以會爲一代善巧，俱成要妙法門，各忘其情，同歸智海？唯佛所説，即異而同。故約佛經，會三爲一。

三、「經如繩墨，楷〔一〕定邪正」者，繩墨非巧，工巧者必以繩墨爲憑；經論非禪，傳禪者必以經論爲準。中下根〔二〕者，但可依師。師自觀根，隨分指授。上根之輩，悟須圓通。未究佛言，何同佛見？

問：所在皆有佛經，任學者轉讀勘會，今集禪要，何必辨經？

答：此意即其次之文，便是答此問也。

四、「經有權實，須依了義」者，謂佛説諸經，有隨自意語，有隨他意語；有稱畢竟之理，有隨當時之機；有詮性相；有頓漸大小；有了義不了義。文或敵體相違，義必圓通無礙。龍藏〔三〕浩汗，何見旨歸？故今但以十餘紙都決擇之，令一時圓見佛意。見佛意後，即備尋一藏，即句句知宗。

校釋

〔一〕楷：底本作「揩」，於文義不合。金陵刻經處本、大正藏本、卍續藏本作「楷」，據改。

〔二〕根：亦稱根器、根性，指衆生皈依佛教的心智條件。上根人，智慧多煩惱少，修道鋭利。下根人，智慧少煩惱多，修道遲鈍。細分則有中根人，在上下根之間。

〔三〕龍藏：龍宫之經藏，泛指佛經。五燈會元卷八天台國清寺師静上座：「博綜三學，操行孤立。禪寂之餘，常閲龍藏。遐邇欽重，時謂大静上座。」

五、「量有三種，勘契須同」者，西域諸賢聖所解法義，皆以三量爲定：一比量，二現量，三佛言量。量者，如度量升斗，量物知定也。比量者，以因由譬喻比度也。如遠見煙，必知有火。雖不見火，亦非虚妄。現量者，親自現見，不假推度，自然定也。佛言量者，以諸經爲定也。「勘契須同」者，若但憑佛語，不自比度證悟自心者，只是泛信，於己未益。若但取現量自見爲定，不勘佛語，焉知邪正？外道六師〔一〕親見所執之理，修之亦得功用，自謂爲正，豈知是邪？若但用比量者，既無聖教及自所見，約何比度，比度何法？故須三量勘同，方爲決定。禪宗已多有現比二量，今更以經論印之，則三量備矣。

校釋

〔一〕外道六師：與佛前後同時，但與佛信仰、理論不同的六位外道大師。據根本説一切有部毘奈耶雜事卷三八，六人名爲晡剌拏迦攝波子，末塞羯利瞿梨子，珊逝移毘剌知子，阿市多雞舍甘跋羅子，腳俱陀迦多演那子，昵揭爛陀慎若低子。其他經典譯名稍異。六師與釋迦都是當時印度東方新興宗教的倡導者。

六、「疑有多般，須具通決」者，數十年中，頻有經論大德〔一〕問余曰，四禪八定，皆在上界〔二〕，此界無禪。凡修禪者，須依經論引取上界禪定，而於此界修習。修習成者，皆是彼禪。諸教具明，無出此者。如何離此，別說禪門？既不依經，即是邪道。又有問曰，經云漸修，祇劫〔三〕方證菩提。禪稱頓悟，刹那便成正覺。經是佛語，禪是僧言。違佛遵僧，竊疑未可。又有問曰，禪門要旨，無是無非。塗割〔四〕怨親，不嗔不喜。何以南能、北秀〔五〕，水火之嫌？荷澤、洪州〔六〕，參商之隙？又有問曰，六代禪宗〔七〕，師資傳授禪法，皆云内授密語，外傳信衣。衣法相資，以爲符印。曹溪〔八〕已後，不聞此事。未審今時化人說密語否？不說則所傳者非達摩之法，說則聞者盡合得衣。又有禪德問曰，達摩傳心，不立文字，汝何違背先祖，講論傳經？近復問曰，淨名已呵宴坐〔九〕，荷澤每斥凝心〔一〇〕。曹溪見人結跏，曾自將杖打起〔一一〕。今聞〔一二〕汝每因教誡，即勸坐禪。禪菴羅列，遍於巖壑。乖宗違祖，吾竊疑焉。余雖隨時各已酬對，然疑者千萬，慜其未聞。況所難之者，情皆偏執。所執各異，彼此互違。因決甲疑，復增乙病〔一三〕。故須開三門義〔一四〕，評一藏經，總答前疑，無不通徹。下隨相當文義，一一脚注指之，答此諸難。欲見答處，須檢注文也。

校釋

〔一〕大德：婆檀陀（梵 bhadanta），謂行滿位高者，譯爲大德。本爲佛之尊稱，後亦用來稱佛徒之賢者。

〔二〕上界：色界、無色界之諸天。色界有四禪，無色界有四無色定。參見一八頁「四禪八定」注。

〔三〕祇劫：阿僧祇（梵 asaṃkhya）劫之略，意爲無數劫。劫爲極長的時間單位，如世界之成、住、壞、空，各爲一劫。

〔四〕塗割：塗香與傷害，指恩怨兩緣，兩種不同境遇。大般涅槃經卷三曰：「若有一人以刀害佛，復有一人持栴檀塗佛。佛於此二，若生等心。」

〔五〕南能、北秀：南方的惠能與北方的神秀。

〔六〕荷澤、洪州：指神會的荷澤宗與馬祖道一的洪州宗。前者適合士大夫口味，重視讀經。後者更適合文化程度較低的農民，重視當機心悟，禪風峻烈。

〔七〕六代禪宗：指禪宗初祖達摩、二祖慧可、三祖僧璨、四祖道信、五祖弘忍、六祖惠能，這六代的禪宗。

〔八〕曹溪：指曹溪源頭之曹溪山，在廣東韶州東南三十五里，其地有寶林寺，爲惠能弘法處。

佛教文獻中常以指代惠能或其宗派。

〔九〕淨名已呵宴坐：淨名即維摩詰。宴坐即默坐，坐禪。維摩詰經卷三載，舍利弗曾宴坐樹下，維摩詰謂曰：「夫宴坐者，不於三界現身意，是爲宴坐。不起滅定而現諸威儀，是爲宴坐。不捨道法而現凡夫事，是爲宴坐。心不住内亦不在外，是爲宴坐。於諸見不動而修行三十七品，是爲宴坐。不斷煩惱而入涅槃，是爲宴坐。若能如是坐者，佛所印可。」

〔一〇〕凝心：控制妄念、妄想，凝聚心力，思惟佛法。神會菩提達摩南宗定是非論：「若教人坐，凝心入定，住心看淨，起心外照，攝心内證者，此障菩提。今言坐者，念不起爲坐。今言禪者，見本性爲禪。所以不教人坐身住心入定。若指彼教門爲是者，維摩詰不應訶舍利弗宴坐。」

〔一一〕曹溪句：印順精校敦煌本壇經：「又有一僧名神會，南陽人也。至曹溪山禮拜，問言：『和尚坐禪，見亦不見？』大師起，把杖打神會三下，卻問神會：『吾打汝痛亦不痛？』」壇經所叙以杖打人，只此一事，似與結跏無關。

〔一二〕聞：底本作「問」。據大正藏本校記，元禄本作「聞」，據改。

〔一三〕因決甲疑，復增乙病：底本作「因決申疑，復增巳病」，不詞。據大正藏本校記，元禄本作「因決甲疑，復增乙病」，符合上下文義，據改。

〔一四〕三門義：三門指三解脱門，即空門、無相門、無作門。三門義，即空、無相、無作之理。

七、「法、義〔一〕不同，善須辨識」者，凡欲明解諸法性相，先須辨得法、義。依法解義，義即分明。以義詮法，法即顯著。今且約世物明之，如真金隨工匠等緣，作鐶釧椀盞種種器物，金性必不變爲銅鐵。金即是法，不變、隨緣是義。設有人問說，何物不變，何物隨緣？只合答云，金也。以喻一藏經論義理，只是說心。心即是法，一切是義。故經云：「無量義者，從一法生。」〔二〕然無量義，統唯二種：一不變，二隨緣。諸經只說此心隨迷悟緣，成垢淨凡聖，煩惱菩提，有漏無漏等，亦只說此心垢淨等時，元來不變，常自寂滅，真實如如等。設有人問說，何法不變，何法隨緣？只合答云，心也。不變是性，隨緣是相。當知性相，皆是一心上義。今性相二宗〔三〕互相非者，良由不識真心。每聞心字，將謂只是八識，不知八識但是真心上隨緣之義。故馬鳴菩薩以一心爲法，以真如、生滅二門爲義。論云：「依於此心，顯示摩訶衍義。」〔四〕心真如是體，心生滅是相用。只說此心不虛妄故云真，不變易故云如。是以論中一一云，心真如，心生滅。今時禪者多不識義，故但呼心爲禪。講者多不識法，故但約名說義，隨名生執，難可會通。聞心爲淺，聞性謂深。或却以性爲法，以心爲義。故須約三宗〔五〕經論，相對照之，法義既顯，但歸一心，自然無諍。

校　釋

〔一〕法、義：法爲實體，義爲實體之本性與現象。

〔二〕語見無量義經説法品二。

〔三〕性相二宗：即賢首所説法性宗與法相宗。法相宗亦稱唯識宗，該宗認爲一切妄法淨法，無始時來各有種子存在於阿賴耶識中，種子遇緣熏習，即成萬法，進而成立種種名相，故名法相宗。法性宗以爲阿賴耶等八識依於如來藏心，此心本來真實空寂，但在無明煩惱熏習之下，開出真如、隨緣二門，隨緣即妄，悟妄即真。

〔四〕語出大乘起信論。該論屬法性宗經典，對中國佛教影響深遠。題馬鳴菩薩造，但學者多疑爲中土佛徒托名僞造。摩訶衍是摩訶衍那（梵 mahāyāna）之略，意爲大乘，與小乘相對。

〔五〕三宗：宗密依賢首，將大乘經教分爲三宗，即法相宗、破相宗、法性宗。性相二宗前已注。破相宗即空宗，認爲凡聖染淨之法，一切皆空，本無所有；於是真妄名相，一切俱無，故名破相宗。

八、「心通性相，名同義别」者，諸經或毁心是賊，制令斷除，或讚心是佛，勸令修習；或云善心惡心，淨心垢心，貪心嗔心，慈心悲心；或云託境心生，或云心生於境；或云寂滅爲心，或云緣慮爲心；乃至種種相違。若不以諸宗相對顯示，則看經者何以辨之？爲當有多種心？爲復只是一般心耶？今且略示名體。

汎言心者，略有四種，梵語各别，翻譯亦殊。

一、紇利陁耶〔一〕，此云肉團心，此是身中五藏〔二〕心也。具如黄庭經五藏論〔三〕説也〔四〕。

二、緣慮心〔五〕，此是八識，俱能緣慮自分境故。色是眼識境，乃至根身、種子、器世界是阿賴耶識之境。各緣一分，故云自分。此八各有心、所〔六〕，善、惡之殊。諸經之中，目諸心、所，總名心也，謂善心、惡心等。

三、質多耶〔七〕，此云集起心，唯第八識，積集種子，生起現行故。黄庭經五藏論目之爲神，西國外道計之爲我，皆是此識〔八〕。

四、乾栗陁耶〔九〕，此云堅實心，亦云貞實心，此是真心也。然第八識無別自體，但是真心，以不覺故，與諸妄想有和合、不和合義。和合義者，能含染淨，目爲藏識。不和合者，體常不變，目爲真如。都是如來藏。故楞伽云，「寂滅者，名爲一心。一心者，即如來藏。」〔一〇〕如來藏亦是在纏法身〔一一〕，如勝鬘經〔一二〕説。故知四種心本同一體，故密嚴經云，「佛説如來藏，法身在纏之名。以爲阿賴耶。藏識。惡慧不能知，藏即賴耶識。有執真如與賴耶體別者，是惡慧。如來清淨藏，世間阿賴耶，如金與指鐶，展轉無差別。」〔一三〕指鐶等喻賴耶，金喻真如，都名如來藏。然雖同體，真妄義別，本末亦殊。前三是相，後一是性。依性起相，蓋有因由。會相歸性，非無所以。性相無礙，都是一心。迷之即觸面向牆，悟之即萬法臨鏡。若空尋文句，或信胸襟，於此一心性相，如何了會？

校　釋

〔一〕紇利陁耶：梵文hrdaya，指心臟，古人以爲心臟是意識的器官。翻譯名義集六：「紇利陀耶，此云肉團心，即意根所託也。」

〔二〕五藏：藏通臟。

〔三〕黄庭經：道教養生修仙專著，分黄庭外景玉經、黄庭内景玉經、黄庭中景玉經三部。文中所説「五藏論」，似爲經中篇目，但傳世黄庭經無之。黄庭内景玉經中有心部章：「心部之宫蓮含華，下有童子丹元家。主適寒熱榮衛和，丹錦飛裳披玉羅。金鈴朱帶坐婆娑，調血理命身不枯。外應口舌吐五華，臨絶呼之亦登蘇，久久行之飛太霞。」此心爲五臟心，生理的心。

〔四〕永樂北藏本、清藏本本在此换卷，以上爲「禪源諸詮集卷第一」，以下至上卷末爲「禪源諸詮集卷第二」。

〔五〕緣慮心：攀緣境界，思慮事物之心，即眼識、耳識乃至阿賴耶識等八種心識。

〔六〕心、所：指心王與心所有法，後者亦簡稱心所。意識之本體爲心王，於中呈現之意識現象爲心所有法。心所有法共有五十一種。其中有，遍行（五種：觸、作意、受、想、思），別境（五種：欲、勝解、念、定、慧），善心所（十一種：信、精進、慚、愧、無貪、無瞋、無癡、輕安、不放逸、行捨、不害），煩惱（六種：貪、瞋、癡、慢、疑、惡見），隨煩惱（二十種：忿、恨、惱、覆、誑、諂、憍、害、嫉、慳、無慚、無愧、不信、懈怠、放逸、昏沉、掉舉、失念、不正知、散亂），不定（四種：睡眠、惡作、尋、伺）。

〔七〕質多耶：梵文 citta 之音譯，又譯質多，質帝，意譯曰心。大乘百法明門論解卷上：「心法者，總有六義。一、集起名心，唯屬第八，集諸種子，起現行故。二、積集名心，屬前七轉識能熏，積集諸法種故；或集起屬前七轉現行共集，熏起種故；或積集名心，屬於第八含藏，積集諸法種故。三、緣慮名心，俱能緣慮自分境故。四、或名爲識，了別義故。五、或名爲意，等無間故。六、或第八名心，第七名意，前六名識，斯皆心分也。」宗密以集起義解釋質多耶，將它看作第八識。

〔八〕黄庭内景玉經心神章：「心神丹元字守靈，肺神皓華字虚成。肝神龍煙字含明，翳鬱導煙主濁清。腎神玄冥字育嬰，脾神常在字魂停。膽神龍曜字盛明。六腑五藏神體精，皆在心内運天經，晝夜存之自長生。」神指神識，五臟六腑皆有，心神功能最强，此爲心理的心，人的意識。西國外道指印度婆羅門教，其所謂我即神我（梵 ātman），爲宇宙大神梵天在人身之體現。

〔九〕乾栗陁耶：即真心、如來藏心。注大乘入楞伽經卷二：「乾栗陀耶，此云貞實心，亦云堅實心，此是真實心也。然第八識無別自體，但是真心。以不覺故，與諸妄想而有和合不和合義。和合義者，能含染淨，目爲藏識。不和合者，體常不變，目爲真如。」

〔一〇〕見元魏菩提留支譯入楞伽經卷一。

〔一一〕在纏法身：同於在纏真如，即真如法性之理，隱藏於煩惱纏縛之中。

〔一二〕勝鬘經：經名，一卷，勝鬘夫人師子吼經或勝鬘師子吼一乘大方便方廣經之略。敘述勝鬘夫人由父波斯匿王、母末利夫人引導，聞法見佛而生信解，得到授記，即於佛前演說一乘、一諦、一依等大乘佛法。本經以如來藏爲出世正因，與達摩推崇之楞伽經相近。劉宋求那跋陀羅譯本最通行。

〔一三〕密嚴經即地婆訶羅譯大乘密嚴經。語見卷三。

九、「悟修〔一〕頓漸，似反而符」者，謂諸經論及諸禪門，或云先因漸修功成，豁然頓悟；或云先須頓悟，方可漸修；或云由頓修故漸悟；或云悟修皆漸；或云皆頓；或云法無頓漸，頓漸在機。如上等說，各有意義。言似反者，謂既悟即成佛，本無煩惱，名爲頓者，即不應修斷，何得復云漸修？漸修即是煩惱未盡，因行未圓，果德未滿，何名爲頓？頓即非漸，漸即非頓，故云相反。如下對會，即頓漸非唯不相乖反，而乃互相資也。

十、「師資傳授，須識藥病」者，謂承上傳授方便〔二〕，皆先開示本性，方令依性修禪。性不易悟，多由執相。故欲顯性，先須破執。破執方便，須凡聖俱泯，功過齊祛〔三〕。戒即無犯無持，禪即無定無亂。三十二相〔四〕都是空花，三十七品皆爲夢幻。意使心無所著，方可修禪。後學淺識，便但只執此言爲究竟道。又以修習之門，人多放逸，故復廣説欣厭，毁責貪恚，讚歎勤儉，調身調息，粗細次第。後人聞此，又迷本覺之用，便一向執相。唯根利志堅者，始終事師，方得悟修之旨。其有性浮淺者，纔聞一意，即謂已足，仍恃小慧，便爲人師，未窮本末，多成偏執。故頓漸門下，相見如仇讎。南北宗中，相敵如楚漢。洗足之誨〔五〕，摸象之喻〔六〕，驗於此矣。今之所述，豈欲别爲一本？集而會之，務在伊圓三點〔七〕。三點各别，既不成伊。三宗若乖，焉能作佛？故知欲識傳授藥病，須見三宗不乖，須解三種佛教。前叙有人難云，禪師何得講説？余今總以此十意答也。故初已叙西域祖師，皆弘經論耳也。

校　釋

〔一〕悟修：悟與修兩種成佛工夫。悟是對佛家真理有通透理解，從而擺脱迷惑獲得覺醒。修即修行，按照佛法修習行動，嚴格管控身、口、意三方面的活動。

〔二〕方便：以靈活巧妙方式，對中下根之人因機施教，使悟佛法真義。景德傳燈録卷九：「（京兆大薦福寺弘辯禪師）對曰：『方便者，隱實覆相，權巧之門也。被接中下，曲施誘迪，謂之方便。設爲上根言，捨方便但説無上道者，斯亦方便之譚。乃至祖師玄言，忘功絶謂，亦無出方便之迹。』」

〔三〕祛：通祛，除去。

〔四〕三十二相：全名爲三十二大人相，具有此等三十二種美好長相者，在家爲轉輪王，出家則爲佛。瑜伽師地論卷四九：「云何如來三十二種大丈夫相？一者，具大丈夫足善安住等案地相，是大丈夫大丈夫相。二者，於雙足下現千輻輪，轂輞衆相無不圓滿。三者，具大丈夫纖長指相。四者，足跟趺長。五者，手足細軟。六者，手足網縵。七者，立手摩膝。八者，鑒泥耶踹。九者，身不僂曲。十者，勢峰藏密。十一者，身相圓滿如諾瞿陀。十二者，常光一尋。十三者，身毛上靡。十四者，身諸毛孔一一毛生，如紺青色，螺文右旋。十五者，身皮金色。十六者，身皮細滑塵垢不著。十七者，於其身上兩手兩足兩肩及項，七處皆滿。十八者，其身上半如師子王。十九者，肩善圓滿。二十者，髆間充實。二十一者，身分洪直。二十二者，具四十齒，皆悉齊平。二十三者，其齒無隙。二十四者，其齒鮮白。二十五者，頷如師子。二十六者，其舌廣薄，若從口出，普覆面輪及髮邊際。二十七者，於諸味中得最上味。二十八者，得大梵音，言詞哀雅，能悦衆意，譬若羯羅頻迦之音，其聲雷震猶如天鼓。二十九者，其目紺青。三十者，睫如牛王。三十一者，其頂上現烏瑟膩沙。三十二者，眉間毫相，其色光白，螺文右旋，是大丈夫大丈夫相。」

〔五〕洗足之誨：典出法句譬喻經卷三。佛命其子羅雲（又譯爲羅睺羅、羅睺等）爲其洗足。洗足之後問羅雲，洗足之水是否可用於食飲。羅雲説，不可復用。「佛語羅雲，汝亦如是。雖爲吾子、國王之孫，捨世榮禄，得爲沙門，不念精進，攝身守口，三毒垢穢，充滿胸懷，亦如此水不可復用。」

〔六〕摸象之喻：即盲人摸象之喻。典出涅槃經卷三二：「譬如有王告一大臣，汝牽一象來示盲者。大臣受王敕，多集衆盲，以象示之。時彼衆盲各以手觸，大王即喚衆盲各各問言：汝見象否？衆盲各言我已見。王言象類何物？觸其牙者即言象形如蘿菔根，觸其耳者言象如箕，觸其頭者言象如石，觸其鼻者言象如杵，觸其脚者言象如臼，觸其脊者言象如床，觸其腹者言象如甕，觸其尾者言象如繩。善男子！如彼衆盲，不説象體，亦非不説。是衆相若悉非象者，離是外更無别象。」

〔七〕伊圓三點：梵文元音伊(i)，寫作「」，由三點組成，謂之伊字三點。大般涅槃經卷二：「何等名爲祕密之藏？猶如伊字三點，若並則不成伊，縱亦不成，如摩醯首羅面上三目，乃得成伊三點，若别亦不得成。我亦如是。解脱之法亦非涅槃，如來之身亦非涅槃，摩訶般若亦非涅槃，三法各異亦非涅槃。我今安住如是三法，爲衆生故名入涅槃，如世伊字。」

禪源諸詮集都序卷上之二〔一〕

上來十意，理例昭然。但細對詳，禪之三宗，教之三種，如經斗稱，足定淺深。先叙禪門，後以教證。

禪三宗者，一息妄修心宗，二泯絶無寄宗，三直顯心性宗。教三種者，一密意依性説相教，二密意破相顯性教，三顯示真心即性教。右此三教，如次同前三宗相對，一一證之，然後總會爲一味〔二〕。

今且先叙禪宗。

初、息妄修心宗者，説衆生雖本有佛性，而無始無明〔三〕覆之不見，故輪迴生死。諸佛已斷妄想，故見性了了，出離生死，神通自在。當知凡聖功用不同，外境内心，各有分限。故須依師言教，背境觀心，息滅妄念。念盡即覺悟，無所不知。如鏡昏塵，須勤勤拂拭。塵盡明現，即無所不照。又須明解趣入禪境方便。遠離憒鬧，住閑静處。調身調息，跏趺宴默。舌拄上腭，心注一境。南侁、北秀、保唐、宣什等門下，皆此類也。牛頭、天台、惠稠、求那等，進趣方便，迹即大同，見解即別。

校釋

〔一〕禪源諸詮集都序卷上之二：金陵刻經處本、卍續藏本作「禪源諸詮集都序卷二」。

〔二〕一味：如來説法必稱機宜，但其理趣唯一無二。一味是佛法同一性之隱喻。唐譯華嚴卷五一：「譬如衆水皆同一味，隨器異故水有差别，水無念慮亦無分别。如來言音亦復如是，唯是一味，謂解脱味，隨諸衆生心器異故無量差别，而無念慮亦無分别。」

〔三〕無始無明：阿尾儞（梵 avidyā），意爲無明，謂愚癡之心，無理解佛法之智慧。由無明而産生種種煩惱，做出種種之業，得到種種之果，使人不得解脱。菩薩瓔珞本業經卷上曰：「無明者，名不了一切法，迷法界而起三界業果。是故我言，從無明藏起十三煩惱。所謂邪見、我見、常見、斷見、戒盜見、果盜見、疑見，七見。見一切處求，故説見。從見復起六著心，貪、愛、瞋、癡、欲、慢，於法界中一切時起。」大乘義章卷二曰：「於法不了名無明。」稱無始無明者，此無明作爲有爲世間之根源，在時間上無有開端。

二、泯絶無寄宗者，説凡聖等法，皆如夢幻，都無所有，本來空寂，非今始無。即此達無之智，亦不可得。平等法界〔一〕，無佛無衆生。法界亦是假名，心既不有，誰言法界？無修不修，無佛不佛。設有一法勝過涅槃，我説亦如夢幻。無法可拘，無佛可作。凡有所作，皆是迷妄。如此了達本來無事，心無所寄，方免顛倒，始名解脱。石頭、牛頭，下至徑山〔二〕，皆示此理。便令心行與此相應，不令滯情於一法上。日久功至，塵習自亡，則於怨親苦樂一切無礙。因此便有一類道士、儒生、閑僧、汎參禪理者，皆説此言，便爲臻極。不知此宗不但以此言爲法。荷澤、江西、天台等門下，亦説此理，然非所宗。

校釋

〔一〕法界：達磨馱都（梵 dharma-dhātu），意爲法界。法界之義有多種，一般以理事兩義釋之。就事而言，法指現象，界指分界。法界即各個現象及其總體，此即華嚴宗所説事法界。就理而言，法界指真如之理性，界有本體與原因之義。法界即作爲萬法本體、原因之真如，此即華嚴宗所説理法界，亦稱法性、實相、實際。

〔二〕徑山：杭州徑山寺道欽禪師（七一四—七九二），牛頭宗玄素禪師法嗣。唐代宗大曆三年奉詔至闕，召對叶旨，賜號國一。宗密圓覺經大疏鈔卷三稱，道欽傳牛頭法融宗旨：本無事而忘情。

三、直顯心性宗〔一〕者，説一切諸法，若有若空，皆唯真性〔二〕。真性無相無爲，體非一切，謂非凡非聖，非因非果，非善非惡等。然即體之用，而能造作種種，謂能凡能聖，現色現相等。

於中指示心性，復有二類。

一云，即今能語言動作，貪嗔慈忍，造善惡，受苦樂等，即汝佛性。即此本來是佛，除此無別佛也。了此天真自然，故不可起心修道。道即是心，不可將心還修於心。惡亦是心，不可將心還斷於心。不斷不修，任運自在，方名解脱。性如虚空，不增不減，何假添補？但隨時隨處，息業養神，聖胎〔三〕增長，顯發自然神妙，此即是爲真悟、真修、真證也〔四〕。

二云，諸法如夢，諸聖同説。故妄念本寂，塵境本空。空寂之心，靈知不昧。即此空寂之知，是汝真性。任迷任悟，心本自知。不藉緣生，不因境起。知之一字，衆妙之門。由無始迷之，故妄執身心爲我，起貪嗔等念。若得善友開示，頓悟空寂之知。知且無念無形，誰爲我相人相？覺諸相空，心自無念。念起即覺，覺之即無。修行妙門，唯在此也。故雖備修萬行，唯以無念爲宗。但得無念知見，則愛惡自然淡泊，悲智自然增明，罪業自然斷除，功行自然增進。既了諸相非相，自然無修之修。煩惱盡時，生死即絶，生滅滅已，寂照現前，應用無窮，名之爲佛〔五〕。然此兩家皆會相歸性，故同一宗。

然上三宗中，復有遵教、慢教〔六〕，隨相、毀相〔七〕，拒外難之門户，接外衆之善巧，教弟子之儀軌，種種不同。皆是二利行門〔八〕，各隨其便，亦無所失。但所宗之理，即不合有二，故須約佛和會也。

校　釋

〔一〕心性宗：心性指衆生心與佛性。此宗以爲即心即性，兩者並無本質差別，但迷之即爲衆生，覺之即爲佛。故提倡「直指人心，見性成佛」。正法眼藏卷二之上：「（僧）曰：經云，佛性是常，心是無常。今云不別，何也？師曰：汝但依語而不依義。譬如寒月水結爲冰，及至暖時冰釋爲水。衆生迷時結性成心。衆生悟時釋心成性。」

〔二〕真性：真實無妄、恒常不易的本體或本性。真性與性、心性、自性等義同，惟所言角度不同。六祖大師法寶壇經：「一切般若智，皆從自性而生，不從外入，莫錯用意，名爲真性自用。」

〔三〕聖胎：具信心、精進心等十心，可使人初入佛地，十心可謂聖胎。佛説仁王般若波羅蜜經卷上：「於三寶中，生習種性十心：信心、精進心、念心、慧心、定心、施心、戒心、護心、願心、迴向心。是爲菩薩能少分化衆生，已超過二乘一切善地。一切諸佛菩薩，長養十心，爲聖胎也。」

〔四〕此處所説爲馬祖道一觀點。

〔五〕此處所説爲荷澤神會觀點。

〔六〕遵教、慢教：遵循經教與輕慢經教的兩種態度。

〔七〕隨相、毀相：一定限度承認境相存在與完全否定境相存在的兩種立場。

〔八〕二利行門：自他兩利的修爲途徑。上求菩提爲自利，下化衆生爲利他。小乘只有自利，大乘兼有利他。法苑珠林卷二四：「云何名爲上品法施耶？以清淨心爲欲增長衆生智慧，而爲説法。不爲財利，爲令邪見衆生等住於正法。如是法施，自利利人，無上最勝。」

次下判佛教總爲三種者，一、密意依性説相教，佛見三界〔一〕、六道〔二〕，悉是真性之相，但是衆生迷性而起，無别自體，故云「依性」。然根鈍者卒難開悟，故且隨他所見境相，説法漸度，故云「説相」。説未彰顯，故云「密意」也。此一教中自有三類。

一、人天因果教。説善惡業報，令知因果不差，懼三途〔三〕苦，求人天〔四〕樂，修施、戒、禪定等一切善行，得生人道、天道，乃至色界、無色界，此名人天教。

校　釋

〔一〕三界：衆生依果報所居之處所或境界，有三類，稱三界。一欲界，具有色欲、食欲、淫欲之衆生，住無間地獄至他化天等處。二色界，已無欲染，尚有色質之衆生，住初禪梵天至阿迦膩吒天的十八天。三無色界，只有受想行識之心識而無形質之衆生，住空無邊處至非想非非想處。總之三界不脱果報輪回，佛家目的是超越三界。有關三界，佛經所述多至十餘種，大同小異，此其一也。

〔二〕六道：亦稱六趣，衆生輪回之六種去處。一天道、二人道、三阿修羅道。此爲三善道。四餓鬼道、五畜生道、六地獄道。此爲三惡道。一切衆生自無始以來，因無明而造善惡諸業，得善惡等果報，於六道之間，循環往復，如車輪旋轉不息。六道與三界皆屬因果説，相輔相成，總體契合。

〔三〕三途：即火途、刀途、血途，是地獄、餓鬼、畜生三惡道的別名。地獄道之苦，爲鑊湯爐炭等熱苦。餓鬼道之苦，爲刀杖驅逼。畜生道之苦，爲互相吞噬，飲血食肉。

〔四〕人天：六道中的人道與天道，皆屬善道。

二、説斷惑滅苦樂教。説三界不安，皆如火宅之苦，令斷業惑之集，修道證滅。以隨機故，所説法數，一向差別，以揀邪正，以辨凡聖，以分忻厭，以明因果。説衆生五蘊〔一〕都無我主，俱是形骸之色，思慮之心，從無始來因緣力故，念念生滅，相續無窮，如水涓涓，如燈焰焰。身心假合，似一似常。凡愚不覺，執之爲我。寶此我故，即起貪、貪名利榮我。嗔、嗔違情境，恐侵損我。癡觸向錯解，非理計校。等三毒〔二〕。三毒擊於意識，發動身口，造一切業。業成難逃，影隨形，響應聲。故受五道〔三〕苦樂等身，此是別業〔四〕所感。三界勝劣等處。所居處，此是共業〔五〕所感。於所受身，還執爲我，還起貪等，造業受報。身則生老病死，死而還生。界則成住壞空，空而復成。劫劫生生，輪迴不絶。無始無終，如汲〔六〕井輪。都由不了此身本不是我。此上皆是前人天教中世界因果也。前但令厭下忻上，未説三界皆可厭患，又未破我，今具説之，即苦、集二諦也。下破我執，令修滅、道二諦，明出世因果，故名四諦教。

校釋

〔一〕五藴：五塞犍陀（梵 pañca-skandha），意譯爲五藴或五陰。藴、陰有積聚之義，五藴即五大類事物的積聚。一、色藴，爲物質現象，包括人體在内的宇宙間一切由地、水、火、風四大形成的物質現象。二、受藴，心理感受，由眼耳等感官，接觸樂緣、苦緣，或不苦不樂之緣産生的感受。三、想藴，想像，依受而生起對事物的想像，有欣厭取捨之不同。四、行，行爲與造作，依想像、抉擇而産生的善行惡行。五、識，心的認識作用，心識了别所緣所對之境界。色藴又稱色法；受、想、行、識四藴屬心，稱心法。

〔二〕三毒：一貪毒：占有之心，對一切順情之境，貪得無厭。二瞋毒：瞋怒之心，對一切違情之境，怒火中燒。三癡毒：迷惑之心，不明佛法，妄生欣厭，起諸邪行。三者皆能破壞出世善心，故云毒。

〔三〕五道：與六道義同，唯缺阿修羅道。佛滅，後世弟子傳法過程産生差異，有説六道，有説五道，大義不乖。

〔四〕别業：爲衆生個體特殊之業因，感生各不相同之果。實即與共業相對的不共業，參見共業注。

〔五〕共業：衆生共通的業因，能招感自他共同受用的山河大地等器世間，此乃依報之業；而個人的業因，能招感個人受用的五根等正報之業者，則稱爲不共業。

〔六〕汲：底本作「級」。金陵刻經處本、卍續藏本作「汲」，據改。

「不是我」者，此身本因色心和合爲相。今推尋分析，色有地、水、火、風之四類，心有受、領納好惡之事。想、取像。行、造作一切。識一一了別。之四類。此四與色都名五蘊。若皆是我，即成八我。況色中復有三百六十段骨，段段各别，皮毛筋肉肝心肺腎，各不相是。皮不是毛等。諸心數等，亦各不同，見不是聞，喜不是怒。既有此衆多之物，不知定取何者爲我。若皆是我，我即百千，一身之中，多主紛亂。離此之外，復無别法。翻覆推我，皆不可得。便悟此身心等，但是衆緣，似和合相，元非一體。似我人相，元非我人。爲誰貪嗔，爲誰煞盜？誰修戒施，誰生人天？知苦諦〔一〕也。遂不滯心於三界有漏善惡〔二〕，斷集諦也。但修無我觀智〔三〕，道諦。以斷貪等，止息諸業，證得我空真如〔四〕，得須陁洹果〔五〕，乃至滅盡患累，得阿羅漢果〔六〕，滅諦。灰身滅智，永離諸苦。諸阿含等六百一十八卷經，婆沙、俱舍等六百九十八卷論，皆唯説此小乘及前人天因果。部帙雖多，理不出此也。

校釋

〔一〕諦：底本作「集」。據大正藏本校記，元禄本作「諦」，據改。

〔二〕有漏善惡：實偏指有漏善。有漏意爲煩惱。一切世間之事物，盡爲有漏法。離煩惱之法稱無漏法。有漏善爲生起無漏智以前凡夫所發之善根，如五戒、十善等。修有漏之善法，能招感人、天等有漏之果報。

〔三〕無我觀智：觀一切諸法無有自性之智慧。

〔四〕我空真如：即上文所述諸法無有自性之真理。

〔五〕須陁洹果：修行是因，覺悟之位階是果。須陀洹果（梵 srota-āpanna），意譯爲入流、預流，即聲聞乘所得最初之聖果，謂此人斷盡三界見惑，預入聖道法流，故名入流。

〔六〕阿羅漢果：梵文 arhat，意譯無學，爲小乘之極果。謂此人斷盡色界、無色界思惑，貪瞋癡等一切煩惱，皆已永斷，四智已圓，已出三界，已證涅槃，再無法可學，故名無學。

三、將識破境教。説前所説境相，若起若滅，非唯無我，亦無如上等法，但是情識虛妄變起，故云「將識破境」也。説上生滅等法，不關真如。但各是衆生無始已來，法爾〔一〕有八種識。於中第八藏識，是其根本，頓變根身、器界、種子。轉生七識，各能變現自分所緣眼緣色，乃至七緣八見，八緣根、種、器界。此八識外都無實法。

問：如何變耶？

答：我、法分別熏習〔二〕力故，諸識生時變似我、法。六、七二識，無明覆故，緣此執爲實我、實法，如患、病重心昏，見異色人物。夢夢相所見可知。者。患夢力故，心似種種外境相現，夢時執爲實有外物，寤來方知唯夢所變。我此身相，及於外境，亦復如是，唯識所變。迷故執有我及諸境，既悟本無我、法，唯有心識，遂依此二空之智，修唯識觀〔三〕及六度四攝〔四〕等行，漸漸伏斷煩惱、所知二障〔五〕，證二空所顯真如，十地圓滿，轉八識成四智〔六〕菩提也。真如障盡，成法性身〔七〕大涅槃也。解深密〔八〕等數十本經，瑜伽〔九〕、唯識〔一〇〕數百卷論，所説之理，不出此也。

校釋

〔一〕法爾：自然地；忽然地。

〔二〕熏習：身口意發動所形成之現行法，其善惡氣分留於阿賴耶識，稱作習氣。習氣對於阿賴耶識發生持續影響，謂之熏習。

〔三〕唯識觀：亦稱唯識三性觀，是唯識無境的觀法。謂自凡夫至佛，一般有三種觀法，一以爲心外之我、法爲實有，稱遍計所執性。二以爲一切存在皆是種子所生之因緣法，稱依他起性。三以爲依他起性所依之實體，即是真如，稱圓成實性。此三性之中，遍計所執性，是境，是心外之法，非實有而應予否定。依他、圓成，是心内之法，以心識非空而能觀照，是萬法根基。

〔四〕六度四攝：六度是成就佛道的要目，四攝是利濟衆生的方便，它們是大乘的菩提道。六度即六波羅蜜，已注。四攝是菩薩用來接納衆生，令其生起愛心而引入佛道的四種方法：一、布施攝，以無所施之心施授真理或財物。二、愛語攝，依衆生之根性而好言慰喻。三、利行攝，以行身、口、意之善行，利益衆生。四、同事攝，親近衆生，同其苦樂，隨其所樂而分形示現，令其得益。見瑜伽師地論卷三八。

〔五〕煩惱、所知二障：煩惱障即貪瞋癡等煩惱，由我執而生。所知障爲愚癡無明，不知諸法之實相，由法執而生。二者皆爲涅槃之障礙。

〔六〕轉八識成四智：唯識宗認爲，凡夫之八識，至如來轉爲四智。一大圓鏡智，即如來真智，由第八識轉來，如大圓鏡，洞徹内外，無幽不燭。二平等性智，由第七識轉來，達到無我平等之理，於一切衆生，起無緣大悲之智。三妙觀察智，由第六識轉來，善於觀察諸法與衆生心意，以無礙辯才，説諸妙法，令其開悟。四成所作智，由其餘五識轉來，此智能成就種種神通變化，引導凡夫二乘，令入聖道。見成唯識論卷一〇。

〔七〕法性身：即法身，佛三身之一。佛身如法性，周遍十方，相好莊嚴，以無量之光明，無量之音聲，度十方無量之法身菩薩，謂之法性身。

〔八〕解深密經：五卷，唐玄奘譯，爲法相宗所依之本經。

〔九〕瑜伽：即瑜伽師地論，百卷，彌勒菩薩説，唐玄奘譯。三乘之行人，稱爲瑜伽師。此論明瑜伽師所行之十七地，故名。

〔一〇〕唯識：指兩部唯識宗的經典，一成唯識論，二唯識二十論。一爲護法等人對世親三十頌的解説，玄奘合糅爲十卷。二爲世親造，中土有三譯，玄奘譯本最通行。

此上三類，都爲第一密意依性説相教。然唯第三將識破境教，與禪門息妄修心宗而相扶會。以知外境皆空，故不修外境事相，唯息妄修心也。息妄者，息我法之妄。修心者，修唯識之心，故同唯識之教。既與佛同，如何毁他漸門息妄看淨，時時拂拭，凝心住心，專注一境，及跏趺調身調息等也？此等種種方便，悉是佛所勸讚。淨名云，不必坐，不必不坐。坐與不坐，任逐機宜。凝心運心，各量習性。

當高宗大帝乃至玄宗朝時，圓頓本宗〔一〕未行北地，唯神秀禪師大揚漸教，爲二京〔二〕法主，三帝〔三〕門師。全稱達摩之宗，又不顯即佛之旨。曹溪、荷澤，恐圓宗滅絶，遂呵毁住心、伏心〔四〕等事。但是除病，非除法也。況此之方便，本是五祖大師〔五〕教授，各皆印可爲一方師。達摩以壁觀教人安心，外止諸緣，内心無喘〔六〕，心如牆壁，可以入道，豈不正是坐禪之法？又廬山遠公〔七〕與佛陀、耶舍二梵僧〔八〕所譯達摩禪經〔九〕兩卷，具明坐禪門户，漸次方便，與天台及侁、秀門下，意趣無殊。故四祖〔一〇〕數十年中，脇不至席。即知了與不了之宗，各由〔一一〕見解深淺，不以調與不調之行而定法義偏圓，但自隨病對治，不須讚此毁彼。此注通〔一四〕前叙有人問難余云，何以勸坐禪者？余今以此答也。

校釋

〔一〕圓頓本宗：指六祖惠能的理論與禪法，被認爲既圓且頓。

〔二〕二京：長安與洛陽。

〔三〕三帝：指唐中宗、睿宗、武則天。

〔四〕住心、伏心：住心指令心安住於道，伏心指降伏心中之貪瞋癡及各種散亂狀態。

〔五〕五祖大師：弘忍（六〇一—六七四），俗姓周，湖北黄梅人，七歲從四祖道信出家，十三歲正式剃度爲僧，日間勞動，夜間習禪，悟道甚深。後得道信付法，成爲禪宗五祖。道場在湖北黄梅馮茂山東山寺，故其禪學稱東山法門。弘忍追隨道信，堅持楞伽經的如來藏心思想，和文殊説般若經的一行三昧；不尚頭陀行，實行叢林（僧人在寺中集體居住）及普請（生産勞作）制度。弘忍門下徒衆多達七百餘人，他印可爲一方師的弟子在十位以上，打破一代付法一人之舊例。凡此對禪宗發展貢獻巨大。

〔六〕無喘：喘，輕聲説話，隱喻心有雜念。無喘，謂没有雜念。

〔七〕廬山遠公：東晉高僧慧遠(三三四—四一六)，雁門樓煩(今山西崞縣)人，俗姓賈，從道安受學，長於般若。後居廬山東林寺。他廣泛聯絡中外名僧，推動佛經翻譯與闡釋，使中觀、戒律、禪、教諸典，以及關中鳩摩羅什等公之勝義流播江南；破斥「心無」之説，以爲形神相融則爲人，形爲神累，形盡神不滅，而涅槃乃是「生絶神冥，形盡神存」之境界；創立白蓮社，弘揚淨土，爲淨土宗之始祖。

〔八〕佛陀、耶舍：指佛陀跋陀羅與佛陀耶舍。佛陀跋陀羅(梵Buddhabhadra)爲中印度高僧，東晉姚秦時來中土，先至長安，後渡江至建康、揚州，應慧遠之請，翻譯大方廣佛華嚴經六十卷、達摩多羅禪經二卷等多部佛典。佛陀耶舍(梵Buddhayaśas)爲罽賓國高僧，姚秦時來到長安，幫助羅什譯十住經，自譯四分律與長阿含等。

〔九〕達摩禪經：即達磨多羅禪經，據出三藏記集，譯者爲東晉迦維羅衛國沙門佛陀跋陀羅，與佛陀耶舍無涉。

〔一〇〕四祖：禪宗四祖道信(五七九—六五〇)，俗姓司馬，蘄州人。頗具慧根，於諸解脱門，宛如宿習；强調心源，專心守護；嚴於禪修，坐而不卧，近六十年。道信長年在黄梅破頭山弘法，學者雲集。唐太宗四次詔請，堅不出山。爲禪宗三祖僧璨弟子，後付法於弘忍，對禪宗之禪法、制度有諸多創新。

〔一一〕此注通：此三字疑衍。

二、密意破相顯性教。據真實了義，即妄執本空，更無可破。無漏諸法，本是真性，隨緣妙用，永不斷絶，又不應破。但爲一類衆生執虚妄相，障真實性，難得玄悟，故佛且不揀善惡、垢淨、性相，一切呵破。以真性及妙用不無而且云無，故云「密意」。又意在顯性，語乃破相，意不形於言中，故云「密」也。 説前教中，所變之境既皆虚妄，能變之識豈獨真實？ 心境互依，空而似有故也。且心不孤起，託境方生。境不自生，由心故現。心空即境謝，境滅即心空。未有無境之心，曾無無心之境〔一〕？ 如夢見物，似能見所見之殊，其實同一虚妄，都無所有，諸識諸境亦復如是。以皆假託衆緣，無自性〔二〕故。「未曾有一法，不從因緣生。是故一切法，無不是空者。」〔三〕「凡所有相，皆是虚妄。」〔四〕是故空中無色，無眼耳鼻舌身意，無十八界〔五〕，無十二因緣〔六〕，無四諦，無智亦無得，無業無報，無修無證。生死涅槃，平等如幻。但以不住一切，無執無著，而爲道行。諸部般若千餘卷經，及中、百、門等三論〔七〕，廣百論〔八〕等，皆説此也。智度論〔九〕百卷，亦説此理，但論主通達不執，故該收大小乘法相，濇〔一〇〕同後一真性宗。 此教與禪門泯絶無寄宗全同。既同世尊所説，菩薩所弘，云何漸門禪主及講習之徒，每聞此説，即謗云「撥無因果」〔一一〕？ 佛自云「無業無報」〔一二〕，豈邪見乎？ 若云佛説此言自有深意者，豈禪門此説無深意耶？ 若云「我曾推徵，覺無深意」者，自是汝遇不解之流，但可嫌人，豈可斥法？

校釋

〔一〕曾無無心之境：曾，猶爭也，怎也。前一「無」字當爲「有」字，涉後文而誤。此句意爲，没有無境之心，怎會有無心之境？

〔二〕自性：指諸法自體之本性，即不依因緣，自有自成，獨立無依，真實不變的本性。空宗以爲，萬法皆由因緣而生，因而空無自性。法相宗以爲，唯識無境，境無自性而識有自性。法性宗以爲，八識依於如來藏心，此心即性即佛。

〔三〕語出中論卷四。

〔四〕語出金剛經。

〔五〕十八界：眼耳鼻舌身意六根爲六根界，色聲香味觸法六塵爲六塵界，眼耳鼻舌身意六識爲六識界，總爲十八界。

〔六〕十二因緣：亦稱十二緣起、十二有支，以緣起解説有情衆生之生死流轉。十二因緣有三種不同：一就三世明十二因緣，二就果報二世辨十二因緣，三就一念一世辨十二因緣。智顗法界次第初門卷中之上：「無明三世十二因緣者，一無明，過去世一切煩惱，通是無明；以過去未有智慧光明故，則一切煩惱得起故，是以過去煩惱悉是無明也。二行，從無明生業，業即是行；以善不善業能作世界果故，故名爲行也。三識，從行生垢心，初身因如犢子識母，自相識故名識；即是父母交會初，欲託胎時之名。四名色，從識生非色四陰，及所任色陰，是名名色；即是歌羅邏時之名也。五六入，從名色中，生眼等六情，是名六入；從五皰初開已來，即是六入名也。六觸，由入對塵，情塵識合，是名爲觸；以六塵觸六根故，即有六識生，故名情塵識合也。七受，從觸生受，故名爲受；即是因六觸觸六根，即領受六塵，爲六受也。八愛，從受中心著，名之爲愛；謂於所領受六塵中，心生渴愛也。九取，從渴愛因緣求，是名爲取；謂求取所愛之塵也。十有，從取則後世業因成，是名爲有；因能有果，故名爲有。十一生，從有還受後世五衆之身，是名生；所謂四生六道中受生也。十二老死，從生五衆身熟壞，是爲老死；老死則生憂悲哭泣，種種愁苦，衆惱合集。若正觀諸法實相清淨，則無明盡。無明盡故行盡，乃至衆苦和合皆盡。若能如是，正觀三世十二因緣，發真無漏，成辟支佛。」明過去現在未來三世因果相續，無有間斷。二世與一世之十二因緣，大體一致，然前者只説二世，後者只説一世。

〔七〕三論：中論、百論、十二門論。中論四卷，十二門論一卷，龍樹造。百論二卷，提婆造。皆爲鳩摩羅什譯。三論提倡中觀性空之學，破空破假，進而並破執中之見，總以無所得爲心要。

〔八〕廣百論：即廣百論本，一卷，聖天菩薩造，玄奘譯。

〔九〕智度論：即大智度論，一百卷，釋大品般若經。龍樹造，鳩摩羅什譯。

〔一〇〕㴱：合也。

〔一一〕撥無因果：一種否定佛法的邪見，以爲不修不證可得解脱。唐般若譯華嚴經卷一一：「地神常言，我負大地，一切所有，及須彌山，不以爲重，亦無厭心。於三種人，我恒厭倦，不欲勝持。何等爲三？一心懷叛逆，謀害人王；二念棄恩親，不孝父母；三撥無因果，毀謗三尊，破法輪僧障修善者。如是三人，我極患重，乃至一念不欲任持。」

〔一二〕佛本行集經卷六：「正業，是法明門，無業無報故。」正業爲佛所説一百八法明門之一。

此上二〔一〕教，據佛本意，雖不相違，然後學所傳，多執文迷旨。或各執一見，彼此相非。或二皆泛信，渾沌不曉。故龍樹、提婆〔二〕等菩薩，依破相教，廣説空義，破其執有，令洞然解於真空。真空者，是不違有之空也。無著〔三〕、天親〔四〕等菩薩，依唯識教，廣説名相，分析性相不同，染淨各别，破其執空，令歷然解於妙有。妙有者，是不違空之有也。雖各述一義，而舉體圓具，故無違也。

問：若爾，何故已後有清辨、護法等諸論師互相破耶〔五〕？

答：此乃是相成，不是相破，何者？以末學人根器漸鈍，互執空有，故清辨等破定有之相，令盡徹至畢竟真空，方乃成彼緣起妙有；護法等破斷滅偏空，意存妙有，妙有存故，方乃是彼無性真空。文即相破，意即相成。叙前〔六〕疑南北禪門相競，今於此決也。由妙有真空有二義故，一極相違義，謂互相害，全奪永盡；二極相順義，謂冥合一相，舉體全攝。若不相奪全盡，無以舉體全收，故極相違方極順也。龍樹、無著等就極順門，故相成；清辨、護法等據極違門，故相破。違順自在，成破無礙，即於諸法無不和會耳。哀哉！此方兩宗後學經論之者，相非相斥，不異仇讎，何時得證無生法忍？今頓漸禪者，亦復如是。努力通鑒，勿偏局也。

問：西域先賢相破既是相成，豈可此方相非便成相嫉？

答：如人飲水，冷暖自知。各各觀心，各各察念。留藥防病，不爲健人。立法防奸，不爲賢士。

校釋

〔一〕二：底本作「一」。據大正藏本校記，元禄本作「二」，符合前後文義，據改。

〔二〕提婆：梵文 Deva 之對音，菩薩名，意爲天、聖天。因以一目獻神，亦稱迦那提婆（一眼提婆），師子國（今斯里蘭卡）人，本爲王子，先修婆羅門教，後學於龍樹，爲中觀派奠基人之一，著有百論、中觀手量等。提婆經常與佛教及外道論師進行辯論，每每取勝，後被辯論失敗的婆羅門論師之弟子殺害。參見提婆菩薩傳、付法藏因緣傳。

〔三〕無著：阿僧伽（梵 Asaṅga）之意譯，菩薩名，北印度犍陀羅國人，活動於佛滅後九百年頃，即西元四、五世紀之間。父爲國師。無著幼時接受婆羅門教育，後受佛教影響出家修行，學小乘及大乘空觀，後穎悟大乘唯識觀。著作頗豐，重要的有攝大乘論、顯揚聖教論、大乘莊嚴經論、大乘阿毗達磨集論等經典。所立學派爲瑜伽行，與龍樹、提婆的空宗相對立。參見大唐西域記卷五。

〔四〕天親：婆藪槃豆（梵 Vasubandhu）之意譯，亦譯世親，菩薩名，無著異母弟。早年信奉小乘，受無著感化，轉信大乘，與兄一起弘揚唯識論，同爲該宗奠基人。著有唯識三十論等大小乘論各百部，有千部論主之稱。參見大唐西域記卷五。

〔五〕清辨、護法互相破：清辨，婆毗吠伽（梵 Bhāvaviveka）之意譯。護法，達摩波羅（梵 Dharmapāla）之意譯。同爲南天竺人，活動於佛滅後一千年左右，前者是當時有名的大乘空宗論師，而後者則是唯識十大論師之一。清辨造大乘掌珍論，主張一切皆空，不僅有爲法空，真如涅槃亦空。護法造唯識三十頌釋，以爲萬法緣起，雖不真實，但其本體即心識，真實不空。二人曾展開激烈爭論，此即著名的「空有之爭」。

〔六〕叙前：據大正藏本校記，元禄本作「前叙」。

三、顯示真心即性教。直指自心，即是真性，不約事相而示，亦不約心相而示，故云「即性」。不是方便隱密之意，故云「顯示」也。此教説一切衆生，皆有空寂真心。無始本來，性自清淨，不因斷惑成淨，故云性淨。寶性論云，清淨有二，一自性清淨，二離垢清淨〔一〕。勝鬘云，自性清淨心，難可了知。此心爲煩惱所染，亦難可了知〔二〕。釋云，此心超出前空有二宗之理，故難可了知也。明明不昧，了了常知。下引佛説。盡未來際，常住不滅，名爲佛性，亦名如來藏，亦名心地。達摩所傳是此心也。從無始際，妄想翳之，不自證得，躭著生死。大覺愍之，出現於世，爲説生死等法，一切皆空。開示此心，全同諸佛。

如華嚴經出現品云：「佛子，無一衆生而不具有如來智慧，但以妄想執著，而不證得。若離妄想，一切智〔三〕、自然智〔四〕、無礙智〔五〕，即得現前。譬如有大經卷，喻佛智慧。量等三千大千世界，智體無邊，廓周法界。書寫三千大千世界中事，一切皆盡。喻體上本有恒沙功德，恒沙妙用也。此大經卷，雖復量等大千世界，而全住在一微塵中，喻佛智全在衆生身中，圓滿具足也。如一微塵，舉一衆生爲例。一切微塵皆亦如是。時有一人，智慧明達，喻世尊也。具足成就清淨天眼，見此經卷在微塵内，天眼力隔障見色，喻佛眼力隔煩惱見佛智也。於諸衆生無少利益，喻迷時都不得其用，與無不別。即起方便，破彼微塵，喻説法除障。出此大經卷，令諸衆生普得饒益。云云，乃至。如來智慧，亦復如是，無量無礙，普能利益一切衆生。合書寫三千世界事。具足在於衆生身中，合微塵中。但諸凡愚妄想執著，不知不覺，不得利益。爾時，如來以無障礙清淨智眼，普觀法界一切衆生，而作是言：『奇哉，奇哉！此諸衆生，云何具有如來智慧，愚癡迷惑，不知不見？我當教以聖道，令其永離妄想執著，自於身中得見如來廣大智慧，與佛無

異。』即教彼衆生修習聖道，六波羅蜜、三十七道品等。令離妄想。離妄想已，證得如來無量智慧，利益安樂一切衆生。」〔六〕

校釋

〔一〕寶性論：即究竟一乘寶性論，元魏中天竺沙門勒那摩提譯。語出卷四。

〔二〕語出勝鬘經自性清淨章第一三。

〔三〕一切智：能夠滅除煩惱，成就涅槃，且能爲他人説法的所有智慧。佛本行集經卷三三：「我已降伏諸世間，成就具足種種智。於諸法中不染著，永脱一切愛網羅。能爲他説諸神通，是故名爲一切智。」

〔四〕自然智：亦稱自然智慧。任運無爲，自發生起的佛智，稱做自然智。法華義疏卷一：「佛知見者，所謂四智：如來智、佛智、自然智、無師智。以知聞無所聞，則生如來智。無所聞而聞，則生佛智。斯二任運現前，名自然智。此三不從師得，謂無師智。」

〔五〕無礙智：佛智。無礙智有四種：義無礙智、法無礙智、詞無礙智、辯無礙智，對於佛法之義、法、詞、辯，皆有通達無礙之理解。大般涅槃經義記卷四：「一切悉知，故曰無礙。」

〔六〕語出唐譯華嚴卷五一。

問：上既云性自了了常知，何須諸佛開示？

答：此言知者，不是證知。意説真性不同虚空木石，故云知也。非如緣境分別之識，非如照體了達之智，直是一真如之性，自然常知。故馬鳴菩薩云，真如者，自體真實識知〔一〕。華嚴迴向品亦云，真如照明爲性。又據問明品説，知與智異。智局於聖，不通於凡。知即凡聖皆有，通於理智。故覺首等九菩薩〔二〕問文殊師利〔三〕言：「云何佛境界智？證悟之智。云何佛境界知？本有真心。」文殊答智云：「諸佛智自在，三世無所礙。」〔四〕過去未來現在事，無不了達，故自在無礙。答知云：「非識所能識，不可識識者，以識屬分別，分別即非真知，真知唯無念方見也。亦非心境界，不可以智知，謂若以智證之，即屬所證之境。真知非境界，故不可以智證。瞥起照心，即非真知也。故經云：「自心取自心，非幻成幻法。」論云：「心不見心」。荷澤大師云：「擬心即差」。故北宗看心，是失真旨。心若可看，即是境界，故此云非心境界。其性本清淨，不待離垢惑方淨，不待斷疑濁方清，故云本清淨也。就實性論中，即揀非離垢之淨，是彼性淨〔五〕。故云「其性本清淨」。開示諸群生。」〔六〕既云本淨不待斷障，即知群生本來皆有，但以惑翳而不自悟，故佛開示皆令悟入，即法華中開示悟入佛之知見。如上所引，佛本出世只爲此事也。彼云「使得清淨」〔七〕者，即實性中「離垢清淨」也。此心雖自性清淨，終須悟修，方得性相圓淨。故數十本經論，皆説二種清淨，二種解脱。今時學淺之人，或只知離垢清淨，離垢淨解脱，故毁禪門「即心即佛」。或只知自性清淨，性淨解脱，故輕於教相，斥於持律、坐禪調伏等行。不知必須頓悟自性清淨，性自解脱。漸修令得離垢清淨，離障解脱。成圓滿清淨究竟解脱，若身若心無所壅滯，同釋迦佛也。寶藏論亦云：「知有有壞，知無無敗。此皆能知有無之智。真知之知，有無不計。」〔八〕既不計有無，即自性無分別之知。如是開示靈知之心，即是真性，與佛無異，故〔九〕顯示真心即性教也。華嚴、密嚴、圓覺〔一〇〕、佛頂〔一一〕、勝鬘、如來藏〔一二〕、法華、涅槃等四十餘部經，寶性、佛性〔一三〕、起信、十地〔一四〕、法界〔一五〕、涅槃〔一六〕等十五部論，雖或頓或漸不同，據所顯法體，皆屬此教，全同禪門第三直顯心性之宗。既馬鳴標心爲本源，文殊揀知爲真體，如何破相之黨但云寂滅，不許真知？説相之家執凡異聖，不許即佛？今約佛教判定，正爲斯人，故前叙西域傳心，多兼經論，無二途也。但以此方迷心執文，以名爲體，故達摩善巧，揀文傳心，標舉其名，心是名也。默示其體，知是體也〔一七〕。喻以壁觀，如上所叙。令絶諸緣。

校釋

〔一〕語出大乘起信論。

〔二〕覺首等九菩薩：此九菩薩與文殊師利曾有關於佛法之問答，見唐譯華嚴卷一三菩薩問明品。

〔三〕文殊師利：菩薩名，梵文 Mañjuśrī，音譯有文殊師利、滿殊尸利、曼殊室利等，略曰文殊。具有不可思議種種微妙功德，在諸菩薩之上，最勝吉祥，故有妙德、妙首、妙吉祥等義。文殊與普賢是釋迦如來之二脅士，文殊主智德、證德，普賢主理德、行德，表示理智相即，行證相應。佛與此二菩薩稱華嚴三聖。

〔四〕見唐譯華嚴卷一三。

〔五〕語出寶性論卷四。

〔六〕見唐譯華嚴卷一三。

〔七〕使得清淨：見鳩摩羅什譯法華經卷一：「舍利弗，云何名諸佛世尊唯以一大事因緣故出現於世？諸佛世尊，欲令衆生開佛知見，使得清淨故，出現於世。」

〔八〕寶藏論：題僧肇著。語見該論卷一。

〔九〕故：據大正藏本校記，元禄本於「故」下有「名」，作「故名」，文義更勝。

〔一〇〕圓覺：大方廣圓覺修多羅了義經之略，一卷十二章，題唐佛陀多羅譯。宗密有多部解説。

〔一一〕佛頂：具名佛頂尊勝陀羅尼經，或佛頂最勝陀羅尼經，有多種譯本，唐佛陀波利譯、法崇疏本，最流行。

〔一二〕如來藏：大方等如來藏經之略，一卷，佛陀跋陀羅譯，説一切衆生皆有如來藏性。

〔一三〕佛性：即佛性論，四卷，天親菩薩造，陳真諦譯。

〔一四〕十地：指十地經論，是對華嚴經十地品的解釋，世親造，菩提流支、勒那摩提同譯。

〔一五〕法界：指法界次第初門，三卷，隋天台智顗撰。

〔一六〕涅槃：指大般涅槃經論，一卷，天親菩薩造，元魏達摩菩薩譯。

〔一七〕知是體也：底本作「知是心也」。據大正藏本校記，元禄本作「知是體也」，符合上下文義，據改。

問：諸緣絶時，有斷滅否？

答：雖絶諸念，亦不斷滅。

問：以何證驗，云不斷滅？

答：了了自知，言不可及。師即印云：「只此是自性清淨心，更勿疑也。」若所答不契，即但遮諸非，更令觀察，畢竟不與他先言知字。直待自悟，方驗實是親證其體，然後印之，令絶餘疑。故云，默傳心印。所言默者，唯默知字，非總不言。六代相傳，皆如此也。至荷澤時，他宗競播，欲求默契，不遇機緣。又思惟達摩「懸絲」之記，達摩云，我法第六代後，命如懸絲〔一〕。恐宗旨滅絶，遂明言「知之一字，衆妙之門」〔二〕。任學者悟之淺深，且務圖宗教不斷，亦是此國大法運數所至，一類道俗合得普聞，故感應如是。其默傳者，餘人不知，故以袈裟爲信。其顯傳者，學徒易辨，但以言説除疑。況既形言，足可引經論等爲證。前叙外難云，今時傳法者，説密語否？今以此答也。法是達摩之法，故聞者淺深皆益。但昔密而今顯，故不名密語。豈可名別，法亦別耶？

問：悟此心已，如何修之？還依初説相教中令坐禪否？

答：此有二意。謂昏沈厚重難可策發，掉舉〔三〕猛利不可抑伏，貪嗔熾盛，觸境難制者，即用前教中種種方便，隨病調伏。若煩惱微薄，慧解明利，即依本宗本教一行三昧。如起信云，若修止者，住於靜處，端身正意，不依氣息形色，乃至唯心無外境界〔四〕。金剛三昧經云：「禪即是動，不動不禪，是無生禪。」〔五〕法句經云：「若學諸三昧，是動非坐禪。心隨境界流，云何名爲定？」〔六〕淨名云：「不起滅定，現諸威儀，行住坐卧。不於三界現身意，是爲宴坐，佛所印可。」〔七〕據此即以答。三界空花，四生夢寐，依體起行，修而無修。尚不住佛，不住心，誰論上界下界？前叙難云，據教須引上界定〔八〕者，以管窺天，但執權〔九〕宗之説，見此了教，理應懷慚而退。然此教中，以一真心性〔一〇〕，對染淨諸法，全揀全收。全揀者，如上所説，但剋體直指靈知即是心性，餘皆虛妄。故云，非識所識，非心境等，乃至非性非相，非佛非衆生。離四句〔一一〕，絶百非〔一二〕也。全收者，染淨諸法，無不是心。心迷故，妄起惑業，乃至四生六道〔一三〕，雜穢國界〔一四〕。心悟故，從體起用，四等六度〔一五〕，乃至四辨〔一六〕十力〔一七〕，妙身淨刹，無所不現。既是此心現起諸法，諸法全即真心。如人夢所現事，事事皆人。如金作器，器器皆金。如鏡現影，影影皆鏡。夢對妄想業報，器喻修行，影喻應化〔一八〕。

校釋

〔一〕命如懸絲：據歷代法寶記，達摩遭人下毒，語弟子慧可曰：「我緣此毒，汝亦不免此難，至第六代傳法者，命如懸絲。言畢遂因毒而終。」中毒云云是後出傳説，未必可信。

〔二〕知之一字，衆妙之門：圓覺經大疏釋義鈔卷一引荷澤語：「即體而用自知，即知而體自寂。名説難（雖）差，體用一致。實謂用而常寂，寂而常用。知之一字，衆妙之門，恒沙佛法因此成立。」

〔三〕掉舉：掉、舉皆爲動義，佛教經論中用以指心識飛揚乃至歌舞戲笑等情狀。顯揚聖教論認爲，隨煩惱有二十，其中第十四爲掉舉。掉舉是入定之障。

〔四〕語出大乘起信論。

〔五〕見金剛三昧經卷一。

〔六〕見法句經卷一。

〔七〕見淨名經卷一。「印可」，底本作「印身」，該經原文與諸校本皆作「印可」，據改。

〔八〕上界定：即色界四靜慮和四無色定。見一八頁「四禪八定」注。

〔九〕權：底本爲空格，永樂北藏本、清藏本作「一」。大正藏本作「權」，據改。權宗，指不實不了之教。

〔一〇〕一真心性：華嚴宗概念，指自性清淨、本然常住之真心，與真如理體合而爲一，故名。賢首五教儀曰：「一真心性，非色非空，能色能空，名爲中道第一義諦。」

〔一一〕離四句：四句指外道對諸法的四種錯誤理解：肯定、否定、複肯定、複否定。如「有無四句」：一、有句，以爲我與五蘊之身皆有。二、無句，以爲我與五蘊之身皆無。三、亦有亦無句，以爲我與五蘊亦有亦無。四、非有非無句，以爲我與五蘊非有非無。凡對立概念如一與異，常與無常，俱與不俱等等，皆可形成類似四句。佛教認爲悟解真理須離四句。

〔一二〕絶百非：去掉許多種錯誤認識。「百」表示多，「非」指非有非無之類的錯誤認識。涅槃經卷二一：「如來涅槃非有非無，非有爲非無爲。（中略）非十二因緣，非不十二因緣。」共計列出三十一非。

〔一三〕四生六道：泛指各類有情衆生。所謂四生，指以四種方式出生的衆生。據俱舍論卷八，四生爲：胎生、卵生、濕生、化生。胎生、卵生與一般理解無異。濕生指由糞穢、叢草等所在之濕氣所生者，如飛蛾、蚊蚋等。化生指無所依托，靠宿世業力而生者，如諸天、地獄中有之有情。六道，見五五頁注。

〔一四〕雜穢國界：雜亂骯髒、不信佛教、充斥貪瞋癡的地方。

〔一五〕四等六度：四等即四無量心，以起心平等，故又名四等心。增壹阿含經卷一九：「云何爲四等？如來恒行慈心，恒行悲心，恒行喜心，恒行護心。」六度即六波羅蜜。

〔一六〕四辨：亦稱四無礙辯、四無礙智，指對於佛家的法、義、方言、説理都能通暢無礙理解掌握的智慧。

〔一七〕十力：如來有關成佛及化導衆生的十種智慧，因爲它堅不可摧、最爲高明，所以名力。關於十力，經論中有多種說法，大同小異。瑜伽師地論卷四九：「云何如來十力？一者，處非處智力（實知事理之是處與非處）。二者，自業智力（實知諸有情三世因果業報）。三者，靜慮解脫等持等至智力（實知修諸禪定而達解脫）。四者，根勝劣智力（實知衆生根性的優劣）。五者，種種勝解智力（實知一切衆生種種知解之狀況）。六者，種種界智力（實知衆生所處種種不同境界）。七者，遍趣行智力（實知一切衆生修道及所達到之結果）。八者，宿住隨念智力（實知諸有情過去一生、十生及至千百生所有言行）。九者，死生智力（實知諸有情死後因業力所感而生善惡之趣）。十者，漏盡智力（實知煩惱盡時無漏解脫之狀況）。」

〔一八〕應化：應衆生之機緣而化現的佛身。

故華嚴云：「知一切法即心自性，成就慧身，不由他悟。」〔一〕起信論云，「三界虛僞，唯心所作，離心則無六塵境界」，乃至「一切分別，即分別自心。心不見心，無相可得」。故一切法，如鏡中相。楞伽云「寂滅者名爲一心，一心者名如來藏」〔二〕，「能遍興造一切趣生」〔三〕。造善造惡，受苦受樂，與因俱，故知一切無非心也。全揀門攝前第二破相教，全收門攝前第一說相教。將前望此，此則迥異於前。將此攝前，前則全同於此。深必該淺，淺不至深。深者直顯出真心之體，方於中揀一切收一切也。如是收揀自在，性相無礙，方能於一切法悉無所住。唯此名爲了義。更有心性同異，頓漸違妨，及所排諸家言教，部帙次第，述作大意，悉在下卷。

校釋

〔一〕見唐譯華嚴卷一七。

〔二〕見菩提留支譯入楞伽經卷一。

〔三〕見實叉難陀譯大乘入楞伽經卷五。

禪源諸詮集都序卷下之一〔一〕

上之三教，攝盡佛一代所説之經，及諸菩薩所造之論。細尋法義，便見三義全殊，一法無別。就三義中，第一、第二，空有相對，第三、第一，性相相對，皆條然易見。唯第二、第三，破相與顯性相對，講者、禪者同迷，皆謂同是一宗一教，皆以破相便爲真性。故今廣辨空宗〔二〕、性宗〔三〕有其十異。一、法義真俗異，二、心性二名異，三、性字二體異，四、真智真知異，五、有我無我異，六、遮詮表詮〔四〕異，七、認名認體異，八、二諦三諦異，九、三性空有異，十、佛德空有異。

初，法義真俗異者，空宗緣未顯真靈之性故，但以一切差別之相爲法，法是俗諦。照此諸法無爲無相，無生無滅，無增無減等爲義，義是真諦。故智度論以俗諦爲法無礙辯，以真諦爲義無礙辯〔五〕。性宗則以一真之性爲法，空有等種種差別爲義。故經云：「無量義者，從一法生。」〔六〕華嚴十地亦云，法者知自性，義者知生滅。法者知真諦，義者知俗諦。法者知一乘，義者知諸乘〔七〕。如是十番，釋法義二無礙義，皆以法爲真諦，以義爲俗諦。

二、心性二名異者，空宗一向目諸法本源爲性，性宗多目諸法本源爲心。目爲性者，諸論多同，不必叙述。目爲心者，勝鬘云，「自性清淨心」〔八〕。起信云，一切法，從本以來，離言說、名字、心緣等相，乃至「唯是一心」〔九〕。楞伽云，「堅實心」〔一〇〕。良由此宗所說本性，不但空寂，而乃自然常知，故應目爲心也。

校　釋

〔一〕禪源諸詮集都序卷下之一：永樂北藏本、清藏本作「禪源諸詮集卷第三」，金陵刻經處本、卍續藏本作「禪源諸詮集都序卷三」。

〔二〕空宗：以緣起性空之理爲宗旨之佛教宗派，小乘之成實宗，大乘之三論宗（中觀宗）都屬空宗。參見三二頁「龍樹」注，六八頁「提婆」注。

〔三〕性宗：即法性宗，在印度稱中觀宗爲性宗，而中土稱天台宗、華嚴宗、禪宗等以一真心性（真常心）爲究竟法體的各個宗派爲性宗。

〔四〕遮詮表詮：説明佛家真理的兩種方式。遮詮以否定方式說佛法不是甚麽。表詮以肯定方式說佛法是甚麽。下文有具體解釋。

〔五〕法無礙辯、義無礙辯：「四無礙」中之兩項。無礙，就理解說是無礙智，就講論說是無礙辯。兩者相通，故無礙辯亦稱無礙智。法無礙辯是通曉、講解諸法名字，分别無滯；義無礙辯是了知、講解一切法之義理，通达無礙。語出大智度論卷二五。

〔六〕見曇摩伽陀耶舍譯無量義經卷一。

〔七〕語出唐譯華嚴卷三八十地品。

〔八〕見求那跋陀羅譯勝鬘經自性清淨章第一三。

〔九〕語出大乘起信論。

〔一〇〕見求那跋陀羅譯楞伽阿跋多羅寶經卷一。

三、性字二體異者，空宗以諸法無性爲性，性宗以靈明常住不空之體爲性，故性字雖同，而體異也。

四、真智真知異者，空宗以分別爲知，無分別爲智，智深知淺。性宗以能證聖理之妙慧爲智，以該於理智、通於凡聖之靈性爲知，知通智局。上引問明品已自分別〔一〕，況十迴向品說真如云，照明爲性〔二〕。起信說，真如自體，真實識知〔三〕。

五、有我無我異者，空宗以有我爲妄，無我爲真。性宗以無我爲妄，有我爲真。故涅槃經云，無我者名爲生死，有我者名爲如來。又云，「我計無我，是顛倒法」〔四〕，乃至廣破二乘無常無我之見，如春池執礫爲寶〔五〕。廣讚常樂我淨而爲究竟，乃至云，「無我法中有真我」〔六〕。良由衆生迷自真我，妄執五蘊爲我，故佛於大小乘法相及破相教中，破之云無。今於性宗直明實體，故顯之云有也。

六、遮詮表詮異者，遮謂遣其所非，表謂顯其所是。又遮者揀却諸餘，表者直示當體。如諸經所説真妙理性，每云「不生不滅」「不垢不淨」「無因無果」「無相無爲」「非凡非聖」「非性非相」等，皆是遮詮。諸經論中，每以非字非却諸法，動即有三十五十箇非字也。不字、無字亦爾，故云「絶百非」。若云「知見覺照」「靈鑒光明」「朗朗昭昭」「惺惺寂寂」等，皆是表詮。若無知見等體，顯何法爲性，説何法不生滅等？必須認得見今了然而知，即是心性，方説此知不生不滅等。如説鹽，云不淡是遮，云鹹是表。説水，云不乾是遮，云濕是表。諸教每云「絶百非」者，皆是遮詞。直顯一真，方爲表語。空宗之言但是遮詮，性宗之言有遮有表。但遮者未了，兼表者乃的。今時學人皆謂，遮言爲深，表言爲淺，故唯重「非心非佛」「無爲無相」，乃至「一切不可得」之言。良由但以遮非之詞爲妙，不欲親自證認法體，故如此也。悟息〔七〕後，即任遮表臨時。

校　釋

〔一〕見七三頁「覺首等九菩薩」注。

〔二〕語出唐譯華嚴卷三〇：「譬如真如，照明爲體。善根迴向亦復如是，以普照明而爲其性。」

〔三〕大乘起信論：「真如自體相者，一切凡夫、聲聞、緣覺、菩薩、諸佛無有增減。非前際生，非後際滅，畢竟常恒。從本已來，性自滿足。一切功德，所謂自體有大智慧光明義故，遍照法界義故，真實識知義故。」

〔四〕見曇無讖譯大般涅槃經卷二。

〔五〕春池執礫爲寶：大般涅槃經卷二：「譬如春時，有諸人等在大池浴，乘船遊戲，失琉璃寶，没深水中。是時諸人悉共入水，求覓是寶。競捉瓦石草木沙礫，各各自謂得琉璃珠，歡喜持出，乃知非真。是時寶珠猶在水中，以珠力故，水皆澄清，於是大衆乃見寶珠。」

〔六〕見曇無讖譯大般涅槃經卷三八。

〔七〕悟息：超悟並且息妄。

七、認名認體異者，謂佛法、世法，一一皆有名體。且如世間稱大，不過四物。如智論云，地水火風是四物名，堅濕暖動是四物體〔一〕。今且説水，設有人問：「每聞澄之即清，混之即濁，堰之即止，決之即流，而能溉灌萬物，洗滌萬穢，此是何物？」舉功能義用〔二〕而問也。答云：「是水。」舉名答也。愚者認名，便謂已解。智者應更問云：「何者是水？」徵其體也。答云：「濕即是水。」剋體指也。此一言便定，更無別字可替也。若云水波清濁凝流是水，何異他所問之詞？佛法亦爾。設有人問：「每聞諸經云，迷之即垢，悟之即淨；縱之即凡，修之即聖；能生世間出世間一切諸法。此是何物？」舉功能義用而問也。答云：「是心。」舉名答也。愚者認名，便謂已識。智者應更問：「何者是心？」徵其體也。答：「知即是心。」指其體也。此言最的，餘字不如。若云非性非相，能語言運動等是心者，何異他所問詞也？以此而推，水之名體，各唯一字，餘皆義用。心之名體亦然。濕之一字，貫於清濁等萬用萬義之中。知之一字，亦貫於貪嗔慈忍善惡苦樂萬用萬義之處。今時學禪人多疑云：「達摩但說心，荷澤何以說知？」如此疑者，豈不似疑云：「比只聞井中有水，云何今日忽覺井中濕耶？」思之，思之。直須悟得水是名不是濕，濕是水不是名，即清濁水波凝流，無義不通也。以例心是名不是知，知是心不是名，即真妄垢淨善惡，無義不通也。空宗、相宗〔三〕爲對初學及淺機，恐隨言生執，故但標名而遮其非，唯廣以義用而引其意。性宗對久學及上根，令忘言認體，故一言直示。達摩云，「指一言以直示。」後人意不解，尋思何者是一言。若云「即心是佛」是一言者，此是四言，何爲名一也？認得體已，方於體上照察義用，故無不通矣。

校釋

〔一〕語出大智度論卷四二。

〔二〕義用：性質作用。

〔三〕相宗：即法相宗。印度之瑜伽宗，經玄奘、窺基弘傳，而形成的中土大乘宗派。以着力分析萬法性相，故名法相宗。强調萬法唯識，亦稱唯識宗。此二人常住長安大慈恩寺，故亦名慈恩宗。

八、二諦三諦異者，空宗所説世出世間一切諸法，不出二諦，學者皆知，不必引釋。性宗則攝一切性相及自體，總爲三諦。以緣起色等諸法爲俗諦。緣無自性諸法即空爲真諦。此與空宗相宗二諦義無別也。一真心體，非空非色，能空能色，爲中道第一義諦。其猶明鏡，亦具三義。鏡中影像，不得呼青爲黄，妍媸各别，如俗諦。影無自性，一一全空，如真諦。其體常明，非空非青黄，能空能青黄，如第一義諦。具如瓔珞、大品、本業〔一〕等經所説。故天台宗依此三諦，修三止三觀，成就三德〔二〕也。

九、三性空有異者，三性謂遍計所執性，妄情於我及一切法，周遍計度，一一執爲實有。如癡孩鏡中見人面像，執爲有命質礙骨肉等。依地起性，此所執法，依他衆緣相因而起，都無自性，唯是虚相，如鏡中影像也。圓成實性。本覺真心，始覺顯現，圓滿成就，真實常住，如鏡之明。空宗云，諸經每説有者，即約遍計、依他。每説空者，即是圓成實性。三法皆無性也。性宗即三法皆具空有之義，謂遍計，情有理無；依他，相有性無；圓成，情無理有，相無性有。

十、佛德空有異者，空宗説佛以空爲德，無有少法是名菩提。色見聲求，皆行邪道。中論云：「非陰不離陰，此彼不相在。如來不有陰，何處有如來？」〔三〕離一切相，即名諸佛。性宗則一切諸佛自體皆有常樂我淨，十身十智〔四〕真實功德，相好通光一一無盡。性自本有，不待機緣。

校　釋

〔一〕瓔珞：菩薩瓔珞經之略，姚秦涼州竺佛念譯。大品：即二十七卷本之摩訶般若波羅蜜經，鳩摩羅什譯。本業：佛説菩薩本業經之略，支謙譯。

〔二〕三德：涅槃經所説大涅槃所具之三德，即法身德（具有常住不滅之法身），般若德（具有佛的智慧和能力），解脱德（遠離一切繫縛，而得大自在）。

〔三〕見中論卷四觀如來品。陰指五陰（五蘊）。

〔四〕十身十智：佛的十身有兩種，一是融於三世間的十身，一是佛具之十身，此處當指後者，即菩提身、願身、化身、住持身、相好莊嚴身、勢力身、如意身、福德身、智身、法身。佛的十智是：三世智、佛法智、法界無礙智、法界無邊智、充滿一切世界智、普照一切世間智、住持一切世界智、知一切衆生智、知一切法智、知無邊諸佛智。

十異歷然，二門煥矣。雖分教相，亦勿滯情。三教三宗是一味法，故須先約三種佛教，證三宗禪心，然後禪教雙忘，心佛俱寂。俱寂即念念皆佛，無一念而非佛心。雙忘即句句皆禪，無一句而非禪教。如此則自然聞泯絶無寄之説，知是破我執情。聞息妄修心之言，知是斷我習氣。執情破而真性顯，即泯絶是顯性之宗。習氣盡而佛道成，即修心是成佛之行。

頓漸空有既無所乖，荷澤、江西、秀、能，豈不相契？若能如是通達，則爲他人説，無非妙方。聞他人説，無非妙藥。藥之與病，只在執之與通。故先德云，執則字字瘡疣，通則文文妙藥。通者，了三宗不相違也。

問：前云，佛説頓教漸教，禪開頓門漸門。未審三種教中，何頓何漸？

答：法義深淺，已備盡於三種，但以世尊説時〔一〕，儀式不同，有稱理頓説，有隨機漸説，故復名頓教漸教，非三教外别有頓漸。漸者爲中下根即時未能信悟圓覺妙理者，且説前人天小乘，乃至法相、（上皆第一教也。）破相，（第二教也。）待其根器成熟，方爲説於了義，即法華、涅槃等經是也。（此及下逐機頓教合爲第三教也，其化儀頓即總攝三般。西域、此方古今諸德所判教爲三時、五時者，但是漸教一類，不攝華嚴經等。）頓者復二，一、逐機頓，二、化儀頓。逐機頓者，遇凡夫上根利智，直示真法，聞即頓悟，全同佛果。如華嚴中，初發心時即得阿耨菩提〔二〕。圓覺經中，觀行成時，即成佛道〔三〕。然始同前二教中行門，漸除凡習，漸顯聖德。如風激動大海，不能現像。風若頓息，則波浪漸停，影像漸顯也。（風喻迷情，海喻心性，波喻煩惱，影喻功用，起信論中，一一配合。）即華嚴一分及圓覺、佛頂、密嚴、勝鬘、如來藏之類二十餘部經是也。遇機即説，不定初後，與禪門第三直顯心性宗全相同也。二、化儀頓，謂佛初成道，爲宿世緣熟上根之流，一時頓説性相理事，衆生萬惑，菩薩萬行，賢聖地位，諸佛萬德。因該果海，初心即得菩提。果徹因源，位滿〔四〕猶稱菩薩。此唯華嚴一經及十地論，名爲圓頓教，餘皆不備。前叙外難云，頓悟成佛是違經者，余今於此通了。其中所説，諸法是全一心之諸法，一心是全諸法之一心。性相圓融，一多自在。故諸佛與衆生交徹，淨土與穢土融通，法法皆彼此互收，塵塵悉包含世界，相入相即，無礙鎔融，具十玄門〔五〕，重重無盡，名爲無障礙法界。

校　釋

〔一〕時：據大正藏本校記，元禄本作「法」。

〔二〕語出唐譯華嚴卷一七。

〔三〕語出圓覺經卷一。

〔四〕位滿：即佛位果滿。大菩薩修行滿足，已經證得佛果位。

〔五〕十玄門：理解華嚴宗「法界緣起」之十個玄妙通道。華嚴二祖智儼所立爲「古十玄」，三祖法藏稍做調整成「新十玄」。據華嚴經探玄記卷一，「新十玄」是「一、同時具足相應門，二、廣狹自在無礙門，三、一多相容不同門，四、諸法相即自在門，五、隱密顯了俱成門，六、微細相容安立門，七、因陀羅網法界門，八、託事顯法生解門，九、十世隔法異成門，十、主伴圓明具德門。然此十門，同一緣起，無礙圓融。隨有一門，即具一切。」總之，由如來藏清淨心緣起之一切萬法，相即相入，相互容攝，從而在真與妄、迷與悟、輪回與解脱之間架起橋梁。

此上頓漸，皆就佛約教而説。若就機約悟修説者，意又不同。如前所叙諸家，有云先因漸修功成而豁然頓悟，猶如伐木，片片漸斫，一時頓倒。亦如遠詣都城，步步漸行，一日頓到也。有云因頓修而漸悟，如人學射，頓者箭箭直注，意在中的，漸者日久方始漸親漸中。此説運心頓修，不言功行頓畢。有云因漸修而漸悟 如登九層之臺，足履漸高，所見漸遠。故有人云，「欲窮千里目，更上一層樓。」等者，皆説證悟也。有云先須頓悟方可漸修者，此約解悟也。約斷障説，如日頓出，霜露漸消。約成德説，如孩子生即頓具四肢六根，長即漸成志氣功業。故華嚴説，初發心時即成正覺〔一〕。然後三賢、十聖〔二〕，次第修證。若未悟而修，非真修也。良以非真流之行無以稱真，何有修真之行不從真起？故彼經説，若未聞説此法，多劫修六度行，畢竟不能證真也。有云頓悟頓修者，此説上上智，根性、樂欲俱勝，根勝故悟，欲勝故修。一聞千悟，得大總持〔三〕。一念不生，前後際斷。斷障如斬一綟絲，萬條頓斷。修德如染一綟絲，萬條頓色也。荷澤云：「見無念體，不逐物生。」〔四〕又云，一念與本性相應，便具河沙功德，八萬四千波羅蜜門〔五〕一時齊用也。此人三業〔六〕，唯獨自明了，餘人所不見。金剛三昧經云：「空心不動，具六波羅蜜。」〔七〕法華亦説，父母所生眼耳，徹見三千界等也〔八〕。且就事跡而言之，如牛頭融大師之類也。此門有二意，若因悟而修，即是解悟。若因修而悟，即是證悟。然上皆只約今生而論，若遠推宿世，則唯漸無頓。今頓見者，已是多生漸熏而發現也。有云法無頓漸，頓漸在機者，誠哉此理，固不在言。本只論機，誰言法體頓漸？義意有此多門，門門有意，非强穿鑿。況楞伽四漸四頓〔九〕，義與漸修頓悟相類。

此猶不敢繁云。比見時輩論者，但有頓漸之言，都不分析。就教，有化儀之頓漸〔一〇〕，應機之頓漸。就人，有教授方便之頓漸，根性悟入之頓漸，發意修行之頓漸。於中唯云先頓悟後漸修，似違反也。欲絶疑者，豈不見日光頓出，霜露漸消；孩子頓生，四肢六根即具。志氣漸立；肌膚、人物、業藝皆漸成也。猛風頓息，波浪漸停；明良頓成，禮樂漸學。如高貴子孫，於小時亂，没落爲奴，生來自不知貴。時清，父母訪得，當日全身是貴人，而行跡去就不可頓改，故須漸學。是知頓漸之義，甚爲要矣。

校釋

〔一〕語出東晉佛陀跋陀羅譯大方廣佛華嚴經（以下簡稱晉譯華嚴）卷八。

〔二〕十聖：即十地，見一二三頁「十地」注。

〔三〕大總持：陀羅尼（梵 dhāraṇī），譯言總持。注維摩詰經卷一：「總持謂持善不失，持惡不生。無所漏忘謂之持。」維摩經略疏卷一九：「總持者，一切萬行自利利他功德，如完器盛水，無有漏失。」總持有多種，如法總持、義總持、咒總持、忍總持等。大總持者，全具各種總持也。

〔四〕見景德傳燈録卷二八。

〔五〕八萬四千波羅蜜門：過度至彼岸之門。八萬四千，泛言其多，印度經典常用之。

〔六〕三業：指身業、口業、意業。
〔七〕見北涼失譯金剛三昧經卷一。
〔八〕語出鳩摩羅什譯妙法蓮華經卷六。
〔九〕四漸四頓：宋求那跋陀羅譯楞伽經卷一對漸頓的四種譬喻性説明。漸之喻有四種：一如菴羅果漸熟，二如陶家作器漸成，三如大地漸生，四如習藝漸就。頓之喻有四種：一如明鏡頓現一切無相色像，二如日月輪頓照顯示一切色像，三如藏識頓分別知自心現流及身安立受用境界，四如法佛所作依佛光明照曜。
〔一〇〕化儀之頓漸：天台宗説釋尊教化衆生之儀式方法，有四種之不同：頓教，漸教，秘密教，不定教。

然此文本意，雖但叙禪詮，緣達摩一宗是佛法通體，諸家所述又各不同。今集爲一藏，都成理事具足。至於悟解修證門户，亦始終周圓，故所叙之頓漸，須備盡其意，令血脈連續，本末有緒。欲見本末綸緒，先須推窮此上三種頓説漸説，教中所詮之法，本從何來，見在何處；又須仰觀諸佛説此教意，本爲何事。即一大藏經始終本末，一時洞然明了也。且推窮教法從何來者，本從世尊一真心體流出，展轉至於當時人之耳，今時人之目。其所説義，亦只是凡聖所依一真心體隨緣流出，展轉遍一切處，遍一切衆生身心之中。但各於自心靜念，如理思惟，即如是如是而顯現也。華嚴云，如是如是思惟，如是如是顯現也〔一〕。次觀佛説經本意者，世尊自云，我本意唯爲一大事因緣故，出現於世。一大事者，欲令衆生開佛知見，乃至入佛知見道。故諸有所作，常爲一事，唯以佛之知見示悟衆生，無有餘乘，若二若三。三世十方諸佛，法亦如是。雖以無量無數方便，種種因緣、譬喻、言詞，而爲衆生演説諸法，是法皆爲一佛乘故。故我於菩提樹下初成正覺，普見一切衆生皆成正覺，乃至普見一切衆生皆般涅槃。華嚴妙嚴品云，佛在摩竭提國菩提場中，始成正覺。其地堅固，金剛所成。其菩提樹高廣嚴顯。出現品云，如來成正覺時，普見衆生等。一一如文〔二〕。普見一切衆生貪恚癡諸煩惱中，有如來身智，常無染污，德相備足。如來藏經文也〔三〕。無一衆生而不具有如來智慧，但以妄想執著，而不證得。我欲教以聖道，令其永離妄想。自於身中，得見如來廣大智慧，如我無異。華嚴出現品文也〔四〕。唯改「當」字爲「欲」字，令順語勢也。法華亦云：「我本立誓願，欲令一切衆，如我等無異。」〔五〕遂爲此等衆生於菩提場稱於大方廣法界，敷演萬德因華，以嚴本性，令成萬德佛果。其有往劫與我同種善根，曾得我於劫海中以四攝法而攝受者，亦妙嚴品文也〔六〕。始見我身，頻呻三昧盧舍那身〔七〕。聞我所説，説上華嚴。即皆信受，入如來慧〔八〕。乃至逝多林〔九〕，我入師子頻呻三昧，大衆皆證法界，除先修習學小乘者，佛在法華會説，昔在華嚴會〔一〇〕中，五百聲聞如聾如盲，不見佛境界，不聞圓融法是也。次云，我今亦令得聞此經，入於佛慧，即直至四十年後法華會中皆得授記〔一一〕

是也。及溺貪愛之水等者。亦出現品云，如來智慧唯於二處不能爲作生長利益。所謂二乘，墮於無爲廣大深坑，及壞善根非器衆生，溺大邪見貪愛之水，然亦於彼曾無厭捨〔二〕。釋曰，即華嚴所説學小乘者，法華會中還得授記，及不在此會，亦展轉令與授記，是此云不厭捨也。如是衆生，諸根鈍著，樂癡所盲，難可度脱。我於三七日〔三〕，思惟如是事。我若但爲讚於佛乘，彼即没在苦，毀謗不信故，疾入於惡道。若以小乘化，乃至於一人，我即墮慳貪，此事爲不可。

校釋

〔一〕語出唐譯華嚴卷五二。

〔二〕語出唐譯華嚴卷一、卷五二。

〔三〕語出佛陀跋陀羅譯大方等如來藏經卷一。

〔四〕語出唐譯華嚴卷五一。

〔五〕見鳩摩羅什譯妙法蓮華經卷一。

〔六〕語出唐譯華嚴卷二。四攝法，見六〇頁「六度四攝」注。

〔七〕頻呻三昧盧舍那身：意爲行頻呻三昧時佛之真身。盧舍那，亦稱毘盧遮那，是光明普照一切處之法身，是諸佛之真身。頻呻三昧，即師子頻呻三昧，如師子般勇猛無畏，宣講佛家真理。華嚴經探玄記説佛在該三昧狀態，「一奮大悲法界之身，二開大悲之根門，三豎悲毛之先導，四現應機之威，吼法界之法門。令二乘諸獸藏竄聾盲，菩薩佛子增長百千諸三昧海，及陀羅尼海」。

〔八〕語出鳩摩羅什譯妙法蓮華經卷五。

〔九〕逝多林：地名，梵文 jetavana，舊稱祇陀林、祇洹林，意爲勝林。本爲逝多太子所有之林，須達長者買林地建精舍獻於佛，即祇洹精舍。

〔一〇〕華嚴會、法華會：佛説華嚴經與法華經的法會。前者在佛成道之初，後者在四十年後。

〔一一〕授記：佛關於某一或某些衆生未來在何時何地成何佛的預言。授記有種種不同，如未發心而與授記、發心即與授記、密授記、現前授記、不現前授記、秘密記等等。

〔一二〕語出唐譯華嚴卷五一。

〔一三〕三七日：三個七日。

進退難爲，遂尋念過去佛所行方便力，方知過去諸佛皆以小乘引誘，然後令入究竟一乘〔一〕。故我今所得道，亦應説三乘。我如是思惟時，十方佛皆現，梵音慰喻我：「善哉釋迦文，第一之導師，得是無上法，隨諸一切佛，而用方便力。」〔二〕我聞慰喻，隨順諸佛意故，方往波羅㮈國〔三〕，轉四諦法輪，度憍陳如〔四〕等五人。漸漸諸處，乃至千萬。如羊車〔五〕也。亦爲求緣覺，説十二因緣。如鹿車〔六〕也。亦爲求大乘者，説六波羅蜜。如牛車〔七〕也。此上皆當第一密意依性説相教。此上三車皆是宅中指云在門外者，以喻權教三乘〔八〕云云。中間又爲説甚深般若波羅蜜，陶汰〔九〕如上聲聞，進趣諸小菩薩〔一〇〕。此當第二密意破相顯性教也。漸漸見其根熟，遂於靈鷲山〔一一〕開示如來知見，普皆與授阿耨多羅三藐三菩提記，究竟一乘，如四衢道中白牛車〔一二〕也。權教牛車大乘，與實教〔一三〕白牛車一乘不同者，三十餘本經論具有明文。顯示三乘法身，平等入一乘道。

校釋

〔一〕究竟一乘：終極、唯一的成佛之教。華嚴、天台等各以本宗爲究竟一乘。佛陀最初傳法即説此教，但根器中下者如聾如盲，不能理解，只好先説三乘權教，然後逐步引導，使入究竟一乘。

〔二〕語見妙法蓮華經卷一。釋迦文：釋迦文尼之略，後者爲釋迦牟尼之異譯。翻梵語卷一：「釋迦文，亦云釋迦牟尼，亦云文尼。」

〔三〕波羅㮈國：梵文 Vārāṇasī，印度古國之一，在摩揭陀國之西，憍薩羅國之北。「㮈」，永樂北藏本、清藏本作「捺」，金陵刻經處本、卍續藏本作「奈」。

〔四〕憍陳如：佛之最初弟子，「五比丘」之一。

〔五〕羊車：喻聲聞之人，修四諦行，求出三界，如乘羊車出於火宅。

〔六〕鹿車：喻緣覺之人，以析空觀覺了真諦之理，得離三界生死，如乘鹿車出於火宅。

〔七〕牛車：喻經律論三藏教菩薩，修六度行，化導衆生，同出三界生死，究竟至於真空涅槃，如乘牛車出於火宅。

〔八〕權教三乘：指聲聞、緣覺、菩薩等三乘。法華經卷二所述長者爲救諸子出火宅，將宅中之羊、鹿、牛三車指爲俱在門外，意爲雖不究竟，亦可乘之脱離火宅。

〔九〕陶汰：猶淘汰，謂洗去雜質。般若波羅蜜多心經要論：「我佛所説千經萬論，五時不等，不過陶汰衆生情塵，洗滌其見地。苟情塵盡而見地正，則古規不合之中實合之也。」

〔一〇〕小菩薩：低位菩薩。

〔一一〕靈鷲山：耆闍崛山（梵Gṛdhrakūṭa-parvata），意譯爲靈山、鷲岳。山形似鷲，且多鷲鳥，故名。在中印度摩羯陀國首都王舍城東北，爲佛陀説法勝地，佛曾於此説法華等經。

〔一二〕白牛車：喻大乘菩薩以空假中圓融三觀認識諸法實相之理，頓破無明煩惱，而成一切種智，如乘大白牛車至於佛地。

〔一三〕實教：即究竟一乘。參閲九七頁「究竟一乘」注及二七頁「權實」注。

乃至我臨欲滅度，在拘尸那城娑羅雙樹間〔一〕，作大師子吼〔二〕，顯常住法〔三〕，決定説言，一切衆生，皆有佛性，凡是有心，定當作佛，究竟涅槃，常樂我淨，皆令安住祕密藏〔四〕中。法華且收二乘〔五〕，至涅槃經方普收六道。會權入實，須漸次故也。即與華嚴海會師子頻呻、大衆頓證無有別異。法華、涅槃是漸教中之終極，與華嚴等頓教深淺無異，都爲第三顯示真心即性教也。我既所應度者皆以度訖，未得度者已爲作得度因緣，故於雙樹間入大寂滅定，反本還源，與十方三世一切諸佛，常住法界，常寂常照也。

校釋

〔一〕拘尸那城：（梵 Kuśinagara），亦譯爲倶尸那、拘尸那揭羅等，意爲角城、茅城，爲古印度末羅國都城。娑羅雙樹，爲該城阿利羅跋提河邊林地中並立的兩棵娑羅樹，相傳爲釋迦牟尼涅槃處。

〔二〕師子吼：師同獅。佛在大衆中無所畏懼地宣講確定不可動摇之真理，謂爲師子吼。維摩詰所説經卷上曰：「演法無畏，猶如師子吼。」

〔三〕常住法：佛之常住法身。

〔四〕祕密藏：即究竟涅槃。大般涅槃經卷二載佛説祕密之藏曰：「解脱之法亦非涅槃，如來之身亦非涅槃，摩訶般若亦非涅槃，三法各異亦非涅槃。我今安住如是三法，爲衆生故，名入涅槃，如世伊字。」

〔五〕二乘：聲聞乘和緣覺乘。修四諦法門而悟道者，爲聲聞乘；修十二因緣而悟道者，爲緣覺乘。

評曰，上來三紙，全是於諸經中録佛自言也。但以抄録之故，不免於連續綴合之處，或加減改换三字兩字而已。唯叙華嚴處一行半，是以經題顯佛意，非佛本語也。便請將佛此自述本意，判前三種教宗，豈得言權實一般？豈得言始終二法？禪宗例教，誰謂不然？竊欲和會，良由此也。誰聞此説而不除疑？若猶執迷，則吾不復也〔一〕。

然上所引，佛自云，我見衆生皆成正覺；又云，根鈍癡盲。語似相違，便欲於其中次第通釋，恐間雜佛語，文相交加。今於此後，方始全依上代祖師馬鳴菩薩，具明衆生一心迷悟，本末始終，悉令顯現。自然見全佛之衆生，擾擾生死；全衆生之佛，寂寂涅槃；全頓悟之習氣〔二〕，念念攀緣；全習氣之頓悟，心心寂照。即於佛語相違之處，自見無所違也。謂六道凡夫、三乘賢聖，根本悉是靈明清淨一法界心〔三〕，性覺寶光各各圓滿，本不名諸佛，亦不名衆生。但以此心靈妙自在，不守自性故，隨迷悟之緣，造業受報，遂名衆生；修道證真，遂名諸佛。又雖隨緣而不失自性故，常非虚妄，常無變異，不可破壞，唯是一心，遂名真如〔四〕。故此一心，常具真如、生滅二門〔五〕，未曾暫闕。但隨緣門〔六〕中，凡聖無定。謂本來未曾覺悟，故説煩惱無始。若悟修證，即煩惱斷盡，故説有終。然實無別始覺，亦無不覺，畢竟平等。故此一心，法爾有真妄二義，二義復各二義，故常具真如、生滅二門。各二義者，真有不變、隨緣二義，妄有體空、成事二義。謂由真不變，故妄體空，爲真如門。由真隨緣，故妄成事，爲生滅門。以生滅即真如，故諸經説，無佛無衆生，本來涅槃，常寂滅相。又以真如即生滅，故經云，法身流轉五道，名曰衆生。既知迷悟凡聖在生滅門，今於此門具彰凡聖二相，即真妄和合，非一非異，名爲阿賴耶識。此識在凡，本來常有覺與不覺二義，覺是三乘賢聖之本，不覺是六道凡夫之本。

校釋

〔一〕金陵刻經處本、卍續藏本在此分卷，以上爲「禪源諸詮集都序卷三」，以下爲「禪源諸詮集都序卷四」。

〔二〕習氣：由現行即人的思想行爲薰習而成的習慣、習性、脾氣等，爲妄惑煩惱之一源。大寶積經卷三九：「如來於欲流中心善解脱，永斷一切貪行習氣故。如來於有流中心善解脱，永斷一切瞋行習氣故。如來於無明流中心善解脱，永斷一切癡行習氣故。如來於見流中心善解脱，永斷一切煩惱行習氣故。」

〔三〕一法界心：超越有無、泯滅差别之心，爲衆生與佛所共有。龍樹菩薩造、筏提摩多譯釋摩訶衍論卷一：「一法界心總攝一切生滅門法，是故名爲攝世間法。總攝一切真如門法，是故名攝出世間法。皆作法界，故名爲法。」

〔四〕真如：梵文bhūta-tathatā，意爲真實無妄，如常不變。故真如乃是諸法實相，與佛性、一法界心等同義。真如本質並無差别，然隨其所顯性相可以假立多種名號，如二真如、七真如、十真如等等。大乘止觀法門卷一：「此心即是自性清淨心，又名真如，亦名佛性，復名法身，又稱如來藏，亦號法界，復名法性。」

〔五〕真如、生滅二門：真常唯心論系的一項重要理論，認爲衆生心具有性與相、真與妄兩個不可分離的向度。大乘起信論：「依一心法，有二種門。云何爲二？一者心真如門，二者心生滅門。是二種門，皆各總攝一切法。此義云何？以是二門不相離故。心真如者，即是一法界大總相法門體，所謂心性不生不滅，一切諸法唯依妄念而有差別。若離妄念則無一切境界之相。是故一切法從本已來，離言説相，離名字相，離心緣相，畢竟平等，無有變異，不可破壞，唯是一心，故名真如。」「心生滅門者，謂依如來藏有生滅心轉。不生滅與生滅和合，非一非異，名阿賴耶識。此識有二種義，謂能攝一切法，能生一切法。復有二種義，一者覺義，二者不覺義。言覺義者，謂心第一義性，離一切妄念相。離一切妄念相故，等虚空界無所不遍。法界一相，即是一切如來平等法身。依此法身，説一切如來爲本覺。以待始覺，立爲本覺，然始覺時即是本覺，無别覺起立。始覺者，謂依本覺有不覺，依不覺説有始覺。」

〔六〕隨緣門：又稱不守自性隨緣門，是深入解説本覺與隨染關係的概念。據釋摩訶衍論卷三，本覺與隨染的關係有兩個方面（門）：「一者本有性智清淨門，二者業用自在無礙門。」而第一門中又有兩門：「一者不守自性隨緣門」，即從本覺墮落爲迷妄的進路；「二者對治一切業障門」，即從迷妄中覺悟，回歸於本覺的進路。第二門中也有兩門：「一者隨順機根契當門，二者不動本性常寂門。」與上一個兩門意義一致，進路相反，對治隨染，即歸於本覺。

今且示凡夫本末，總有十重。今每重以夢喻側注，一一合之。一、謂一切衆生雖皆有本覺真心，如一富貴人，端正多智，自在宅中住。二、未遇善友開示，法爾本來不覺。如宅中人睡，自不知也。論云，依本覺故，而有不覺也〔一〕。三、不覺故，法爾念起。如睡法爾有夢。論云，依不覺故，生三種相〔二〕。此是初一。四、念起故，有能見相。如夢中之想。五、以有見故，根身世界妄現。夢中別見有身在他鄉貧苦，及見種種好惡事境。六、不知此等從自念起，執爲定有，名爲法執。正夢時，法爾必執所見物爲實有也。七、執法定故，便見自他之殊，名爲我執。夢時必認他鄉貧苦身爲己本身。八、執此四大爲我身故，法爾貪愛順情諸境，欲以潤我；嗔嫌違情諸境，恐損惱我。愚癡之情，種種計校。此是三毒，如夢在他鄉所見違順等事，亦貪嗔也。九、由此故造善惡等業。夢中或偷奪打罵，或行恩布德。十、業成難逃，如影響應於形聲，故受六道業繫苦樂相。如夢因偷奪打罵，被〔三〕捉枷禁決罰；或因行恩得報，舉薦拜官署職。此上十重生起次第，血脈連接，行相甚明，但約理觀心而推照，即歷然可見。次辨悟後修證，還有十重，翻〔四〕妄即真，無別法故。然迷悟義別，順逆次殊。前是迷真逐妄，從微細順次生起，展轉至粗。後乃〔五〕悟妄歸真，從粗重逆次斷除，展轉至細。以能翻之智，自淺之深。粗障易遣，淺智即能翻故。細惑難除，深智方能斷故。故後十從末逆次〔六〕翻破前十，唯後一前二有少參差。下當顯示十重者。

校釋

〔一〕語出大乘起信論。

〔二〕語出大乘起信論。

〔三〕被：底本作「彼」。永樂北藏本、清藏本、金陵刻經處本、卍續藏本作「被」，據改。

〔四〕翻：反轉。

〔五〕後乃：永樂北藏本、清藏本作「此是」。

〔六〕故後十從末逆次：永樂北藏本、清藏本作「故此十從後逆次」。

禪源諸詮集都序卷下之二〔一〕

一、謂有衆生遇善知識，開示上說本覺真心。宿世曾聞，今得解悟〔二〕，若宿生未聞，今聞必不信，或信而不解。雖人人等有佛性，今現有不信不悟者，是此類也。四大非我，五蘊皆空。信自真如及三寶德，信自心本不虛妄，本不變異，故曰真如。故論云，自信己性，知心妄動，無別境界。又云，信心有四種：一信根本，樂念真如；二信佛有無量功德，常念親近供養；三信法有大利益，常念修行；四信僧能修正行，自利利他，常樂親近〔三〕。悟前一翻前二，成此第一重也。二、發悲智願，誓證菩提。發悲心者，欲度衆生；發智心者，欲了達一切法；發願心者，欲修萬行以資悲智。三、隨分修習施、戒、忍、進及止觀等，增長信根。論云，修行有五，能成此信〔四〕。止觀合爲一行，故六度唯成五也。四、大菩提心〔五〕，從此顯發。以上三心開發。論云，信成就發心者有三種：一者直心，正念真如法故；二者深心，樂集諸善行故；三發大悲心，欲拔一切衆生苦故〔六〕。五、以知法性，無慳等心。等者，貪欲、嗔恚、懈怠、散亂、愚癡。六、隨順修行六波羅蜜，定慧力用，初修名止觀，成就名定慧。我法雙亡，初發心時，已約教理觀二執空，今即定慧力觀自覺空也。無自無他，證我空五。常空常幻。證法空六。色不異空，空不異色，故常空常幻也。七、於色自在，一切融通。迷時不知從自心變，故不自在。今因二空智達之，故融通也。八、於心自在，無所不照。既不見心外別有境界，境界唯心，故自在也。九、滿足方便，一念相應，覺心初起，心無初相。離微細念，心即常住。直覺於迷源，名究竟覺。從初發心即修無念，至此方得成就。成就故，即入佛位也。十、心既無念，則無別始覺之殊，本來平等，同一覺故。冥於根本真淨心源，應用塵沙，盡未來際，常住法界，感而即通，名大覺尊。佛無異佛是本佛，無別新成故。普見一切衆生，皆同成等正覺〔七〕。

校釋

〔一〕禪源諸詮集都序卷下之二：永樂北藏本、清藏本作「禪源諸詮集卷第四」。

〔二〕解悟：永樂北藏本、清藏本作「悟解」。

〔三〕語出大乘起信論。

〔四〕語出大乘起信論。

〔五〕菩提心：又稱無上菩提心、阿耨多羅三藐三菩提心，是求得無上菩提的心願、決心、志向。佛家認爲這是成佛之種子。

〔六〕語出大乘起信論。

〔七〕等正覺：三藐三菩提（梵 samyak-saṃbodhi），譯曰正等正覺、等正覺。意爲正遍知，即正確普遍覺知一切法。

故迷與悟各有十重，順逆相翻，行相甚顯。此之第一對前一二。此十合前第一。餘八皆從後逆次翻破前八。一中悟前第一本覺，翻前第二不覺。前以不覺乖於本覺，真妄相違，故開爲兩重。今以悟即冥符，冥符相順，無別始悟，故合之爲一。又若據逆順之次，此一合翻前十。今以頓悟門中，理須直認本體，翻前本迷，故對前一二。上云參差，即是此也。二中由怖生死之苦，發三心自度度他，故對前第十六道生死。三修五行，翻前第九造業。四三心開發，翻前第八三毒。悲心翻瞋，智心翻癡，願心翻貪。五證我空，翻前第七我執。六證法空，翻前第六法執。七色自在，翻前第五境界。八心自在，翻前第四能見。九離念，翻前第三念起。故十成佛，佛無別體，但是始覺，翻前第二不覺，合前第一本覺。始本不二，唯是真如顯現，名爲法身大覺，故與初悟無二體也。順逆之次參差，正由此矣。一即因該果海，十即果徹因源。涅槃經云，「發心畢竟二不別」[一]。華嚴經云，初發心時，得阿耨菩提[二]。正是此意。然雖順逆相對，前後相照，法義昭彰，猶恐文不頓書，意不並顯，首尾相隔，不得齊覩，今更畫之爲圖，令凡聖本末，大藏經宗，一時現於心鏡。此圖頭在中心，云衆生心三字是也。從此三字讀之，分向兩畔。朱畫表淨妙之法，墨畫表垢染之法，一一尋血脈詳之。朱爲此○號，記淨法十重之次。墨爲此●號，記染法十重之次。此號是本論之文，此點是義說論文爾[三]。

校釋

〔一〕見曇無讖譯大般涅槃經卷三八。

〔二〕語出唐譯華嚴卷一七。

〔三〕此號、此點：各本均未保留其形態，疑早已脱漏。

迷有十重　此是迷真逐妄，從微細順次生起，展轉至粗之相。

一本覺	謂一切衆生皆有本覺真心。○如富貴人端正多智，在自宅中住也。
二不覺	未遇善友開示，法爾本來不覺。不覺，迷真也。論云，不如實知真如之法，如宅中人睡，自不知也。
三念起	不覺故，法爾念起，如睡法爾有夢。論云，以依不覺故心動，說名爲業三細相，此其第一也。
四見起	念起故有能見相，如夢中之想也。論云，以依動故能見，不動則無見。
五境現	以有見故，根身世界妄現。如夢中別見有身在他鄉貧苦，及見種種好惡事境。
六執法	不知境從自心起，執爲實有，名爲法執。如正夢時，法爾必執夢中所見之物爲實有也。
七執我	執法定故，見自他之殊，計自爲我，名爲我執。如夢時必認他鄉貧苦之身爲己本身也。
八煩惱	執四大爲我身故，貪愛順情境，嗔違情境，愚癡計校。如夢在他鄉所見違順等事，亦貪嗔也。
九造業	由三毒擊發故，造善惡等業。如夢中或偷奪打罵，或行恩布德等也。
十受報	業成難逃，如影響應於形聲，故受六道業繫之苦。已受之身，非可斷法故，無對治之法。如夢因偷奪打罵，被捉枷禁決罰。或因行恩得報，舉薦拜官署職也。

六道凡夫之本

不覺

阿梨耶識

頓悟

謂有衆生遇善知識，開示上說本覺真心。宿世曾聞，今得悟解，四大非我，五蘊皆空，發起四種信心。

一信根本，樂念真如法故。二信佛有無量功德，常念供養。三信法有大利益，常念修行。四信僧能正修行，常樂親近，精進無怠。

⊙覺

三乘賢聖之本

◉ 一 頓悟本覺	悟前一翻前二，爲第一重。
○ 十 成佛	證而實無有始覺之異，本來平等，同一覺故。冥於根本真淨心源，應用塵沙，盡未來際，常住法界，感而即通，名大覺尊。
☽ 九 離念	滿足方便，一念相應。覺心初起，心無初相。離微細念，心即常住。覺於迷源，名究竟覺。從初發心即修無念，至此方得成就。
☽ 八 心自在	於心自在地，不見外有定實之境故，於一切自在，無所不照。
☽ 七 色自在	於色自在地，已證境是自心所現故，於色自在融通，定慧力用，我法雙亡。
◑ 六 法空	法無性故，常空常幻，悟色空不異也。
◑ 五 我空	離我執故，無自無他。於真如理，深解現前，所修離相，以知性體無慳無染、離瞋離怠、常寂常照故。隨順修行施、戒、忍、進、禪、慧六度。
◐ 四 開發	即前悲智願心，令開發也。論云，信成就發三心。一、直心，正念真如法故。二、深心，樂習諸善行故。三、悲心，欲拔衆生苦故。
◐ 三 修五行覺妄念	五行。一、隨分施。二、戒十惡。若出家即習頭陀。三、忍他惱。四、精進不怠。五、止觀住靜。止一切境，正念唯心，觀察世間，無可愛樂。覺知前念起惡，能止後念，令其不起也。
◐ 二 怖苦發心	發悲智願，誓證大菩提，漸修菩薩解行。論云，發悲心者，欲度衆生；發智心者，欲了達一切；發願心者，欲修萬行，以資悲智也。

悟有十重　此是悟妄歸真，從粗重逆次斷除，展轉至細之相。

由真隨緣故，妄識成事爲生滅。

眾生心

妄

成事

論云，以不達一法界故，忽然念起，名爲無明。無明所染，有其染心，確然根身塵境，紛然分別緣慮。如上寢卧之人，夢見自身貧賤，種種異狀，種種憂喜。又如迷上杌木，謂爲人身神鬼。不同不睡之身、不迷之木也。

體空

經云，一實境界者，所謂眾生心。乃至心有二種，一者真，二者妄。論云，所言法者，謂眾生心。是心總攝一切世間出世間法，依於此心，顯示摩訶衍義。

隨緣

生滅門

真如門

◉真

論云，是心從本已來，自性清淨，蕩然空寂，了然知覺。如福德智慧相自端嚴富貴之人於自宅堂中寢卧，亦如曠野杌木。

○不變

由真不變故，妄體本空爲真如。

此上是標位標此圖中之位也。云衆生心者，是在纏佛性。本論及經皆目爲如來藏。及義門。真妄下各二義，是真如門及梨耶識根本義理。兩畔是所標心中性真如。相梨耶。染不覺位中諸法。淨覺中諸法。法體也。迷時無漏淨妙德用但隱而不滅，故真如本覺在有漏識中。一切衆生皆有佛性，是此義也。悟時有漏染相必無，故無明識相、妄念業果等不在真如門也，唯淨妙德用獨在真如心中，名之爲佛也。

真如

真實心

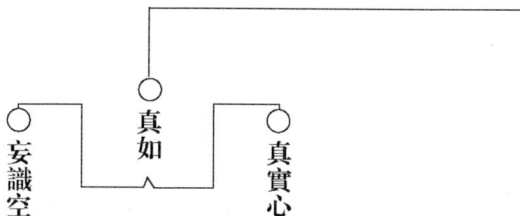

心真如者，即是一法界大總相法門體，所謂心性不生不滅。又云，所謂心性常無念故，名爲不變。

妄識空

一切諸法唯依妄念而有差別，若離妄念，則無一切境界之相。

離言

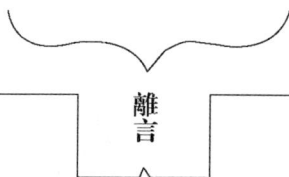

是故一切法從本已來，離言説相，離名字相，離心緣相，畢竟平等，無有變異，不可破壞，唯是一心，故名真如。

不空

以有自體具足無漏性功德故。又云，已顯法體空無妄故，即是真心常恒不變，淨法滿足。

空

從本以來，一切染法不相應故，謂離一切差別之相，以無虛妄心念故，妄念分別皆不相應也。

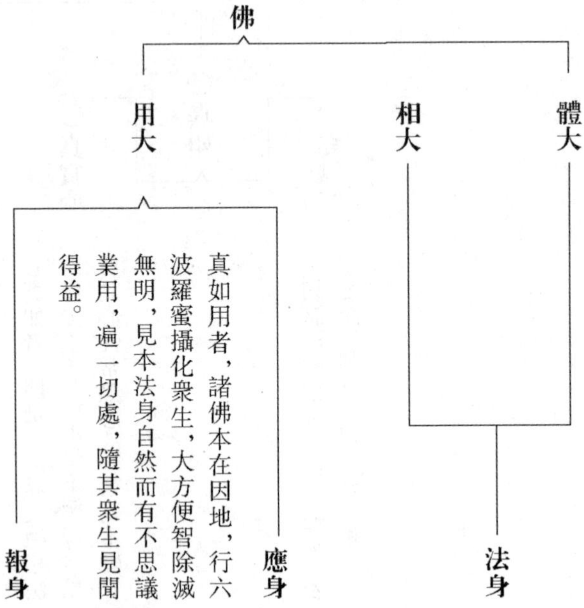
佛
體大
相大
用大
法身
真如用者，諸佛本在因地，行六波羅蜜攝化衆生，大方便智除滅無明，見本法身自然而有不思議業用，遍一切處，隨其衆生見聞得益。
應身
報身

真如自體相者，有大智慧光明遍照法界，真實識知常樂我淨等義故，具足如是過恒沙不思議佛法，滿足無有所少，名爲如來法身也。

依凡夫二乘心所見者，名爲應身。以不知轉識現故，見從外來，取色分齊，不能盡知故。

依諸菩薩從初發意乃至十地心所見者，名爲報身。身有無量色，色有無量相，相有無量好，所住依界亦有無量種種莊嚴，隨所示現，即無有邊，不可窮盡。皆由無漏行熏及本覺熏之所成就，具足無量樂相，故名爲報也。

詳究前述，諦觀此圖，對勘自他，及想賢聖，爲同爲異，爲真爲妄？我在何門，佛在何位？爲當別體，爲復同源？即自然不執著於凡夫，不僭濫於聖位，不躭滯於愛見，不推讓於佛心也。然初十重，是一藏經所治法身中第一重。煩惱之病生起元由，次三重。漸漸加增，我法二執。乃至粗重，三毒造業。慧滅受報。之狀。後十重，是法身信方服藥，前三重汗出。汗出病差，菩提心開發。將理方法，六波羅蜜。漸漸減退，從六至九。乃至平復成佛。之狀。如有一人，在纏法身。諸根具足，恒沙功德。强壯常住不變，妄不能染。多藝。恒沙妙用。忽然得病，無始無明。漸漸加增，其次七重。乃至氣絶，第十重。唯心頭暖。賴耶識中無漏智種。忽遇良醫，大善知識。知其命在，見凡夫人，即心是佛。强灌神藥，初聞不信，頻就不捨。忽然蘇醒。悟解。初未能言，初悟之人未能説法，答他問難，皆悉未得。乃至漸語，能説法也。漸能行履，十地十波羅蜜。直至平復，成佛。所解伎藝，無所不爲。神通光明，一切種智。以法一一對合，何有疑而不除也？

即知一切衆生，不能神變作用者，但以業識惑病所拘，非己法身不具妙德。今愚者難云「汝既頓悟即佛，何不放光」者，何殊令病未平復之人便作身上本藝？然世醫處方，必先候脈，若不對病狀輕重，何辨方書是非？若不約痊愈淺深，何論將理法則？法醫亦爾。故今具述迷悟各十重之本末，將前經論統三種之淺深相對照之，如指其掌。勸諸學者，善自安心，行即任隨寄一門，解即須通達無礙，又不得慮其偏局，便漭蕩無所指歸。須洞鑒源流，令分菽麥。必使同中見異，異處而同。鏡像千差，莫執好醜。鏡明一相，莫忌青黄。千器一金，雖無阻隔。一珠千影，元不混和。建志運心，等虚空界。防非察念，在毫釐間。見色聞聲，自思如影響否？動身舉意，自料爲佛法否？美膳糲飡，自想無嫌愛否？炎涼凍暖，自看免避就否？乃至利衰毁譽，稱譏苦樂，一一審自反照，實得情意一種否？必若自料未得如此，即色未似影，聲未似響也。設實頓悟，終須漸修。莫如貧窮人，終日數他寶，自無半錢分。六祖大師云：「佛説一切法，爲度一切心。我無一切心，何須一切法？」〔一〕今時人但將此語輕於聽學，都不自觀實無心否。若無心者，八風〔二〕不能動也。設習氣未盡，嗔念任運起時，無打罵讐他心。貪念任運起時，無營求令得心。見他榮盛時，無嫉妬求勝心。一切時中，於自己無憂饑凍心，無恐人輕賤心，乃至種種此等，亦得名爲無一切心也，此名修道。若得對違順等境，都無貪嗔愛惡，此名得道。各各反照，有病即治，無病勿藥。

校釋

〔一〕壇經中未見此語。另大慧普覺禪師法語卷一九：「古德云，佛説一切法，爲度一切心。我無一切心，何用一切法？」未確指言者名字。

〔二〕八風：世間八種事物，能扇動人心，稱作八風。一利、二衰、三毁、四譽、五稱、六譏、七苦、八樂。

問：貪嗔等即空，便名無一切心，何必對治？

答：若爾，汝今忽遭重病痛苦，痛苦即空，便名無病，何必藥治？須知貪嗔空而能發業，業亦空而能招苦，苦亦空只麽〔一〕難忍。故前圖中云，體空成事。如杌木〔二〕上鬼全空，只麽驚人得奔走倒地，頭破額裂。若以業即空，空只麽造業。即須知地獄燒煮痛楚亦空，空只麽楚痛。若云亦任楚痛者，即現今設有人以火燒刀斫，汝何得不任？今觀學道者，聞一句違情語猶不能任，豈肯任燒斫乎？如此者十中有九也。

校　釋

〔一〕只麽：這麽。

〔二〕杌木：没有枝丫的枯木。

問：上來所叙三種教、三宗禪，十所以、十别異；輪迴及修證，又各十重。理無不窮，事無不備，研尋玩味，足可修心，何必更讀藏經及集諸禪偈，數過百卷？

答：衆生惑病，各各不同，數等塵沙，何唯八萬？諸聖方便，有無量門。一心性相，有無量義。上來所述，但是提綱。雖統之不出所陳，而用之千變萬勢。況先哲後俊各有所長，古聖今賢各有所利。故集諸家之善記，其宗徒有不安者亦不改易，但遺闕意義者注而圓之，文字繁重者注而辨之，仍於每一家之首注評大意。提綱意在張綱，不可去綱存綱。華嚴云，張大教網，漉人天魚，置涅槃岸〔一〕。舉領意在著衣，不可棄衣取領。若但集而不敘，如無綱之網。若但敘而不集，如無網之綱。思而悉之，不煩設難。然剋己獨善之輩，不必遍尋。若欲爲人之師，直須備通本末。好學之士披閲之時，必須一一詳之，是何宗何教之義。用之不錯，皆成妙藥；用之差互，皆成反惡〔二〕。然結集次第，不易排倫。據入道方便，即合先開本心；次通理事；次讚法勝妙，呵世過患；次勸誡修習；後示以對治方便，漸次門户。今欲依此編之，乃覺師資昭穆〔三〕顛倒，文不穩便。且如六代之後，多述一真。達摩大師却教四行〔四〕，不可孫爲部首，祖爲末篇。數日之中，思惟此事。欲將達摩宗枝之外爲首，又以彼諸家所教之禪，所述之理，非代代可師，通方之常道。或因以彼修鍊功至證得，即以之示人；求那、慧稠、卧輪〔五〕之類。或因聽讀聖教生解，即以之攝衆；慧聞禪師〔六〕之類。或降其跡而適性，一時間警策群迷；志公〔七〕、傅大士〔八〕、王梵志〔九〕之類。或高其節而守法，一國中軌範僧侶。盧山遠公之類。其所製作，或詠歌至道；或嗟歎迷凡；或但釋義；或唯勵行；或籠羅諸教，竟不指南；或偏讚一門，事不通衆。雖皆禪門影響，佛法笙簧，若始終依之爲釋迦法，即未可也。天台言教廣本，雖備有始終，又不在此集之內。以心傳嗣，唯達摩宗。

心是法源，何法不備？所修禪行，似局一門。所傳心宗，實通三學。況覆尋其始，始者迦葉、阿難。親稟釋迦，代代相承，一一面授，三十七世，有云，西國已有二十八祖者，下祖傳序中，即具分析。至於吾師〔一〇〕。緬思何幸得爲釋迦三十八代嫡孫也。

校釋

〔一〕此語或出華嚴一乘教義分齊章卷一摘引華嚴語句：「故此經云，『張大教網，置生死海，漉人天魚，置涅槃岸。』此之謂也。」漉，用網捕撈。

〔二〕反惡：猶反忤，違背抵牾，互相矛盾。

〔三〕昭穆：古代宗法制度，宗廟或宗廟中神主依輩分高低的排列次序，始祖居中，其下父子遞爲昭穆，左爲昭，右爲穆。

〔四〕四行：達摩所教四行是：一報怨行，二隨緣行，三無所求行，四稱法行。見續高僧傳卷一六。

〔五〕卧輪：唐初禪師，著有卧輪禪師看心法，以爲「詳其心性，湛然虛空。本來不生，是亦不滅」。有偈云：「卧輪有伎倆，能斷百思想。對境心不起，菩提日日長。」惠能曾出偈糾偏。

〔六〕慧聞禪師：亦作慧文，北齊高僧，史稱天台二祖。研習龍樹中論，而悟空假中三觀之理，開天台止觀之先河。梁元帝承聖三年（五五四），授法於南岳慧思。

〔七〕志公：亦稱寶志、保志，南朝僧人，梁武帝屢屢從之請教佛法，在朝野有廣泛影響。他主張

「佛體本是心作」，「衆生本來成佛」，並有許多名言偈語傳世，後代禪師時常參究。

〔八〕傅大士（四九七—五六九）：姓傅，名翕，義烏人，南朝居士，自稱善慧大士，是亦佛亦道亦儒之人。其禪法强調「守一不移」，爲禪宗四祖道信「五種法門」的依據之一。傅大士與志公同爲梁武帝敬重，著有心王銘及諸多玄妙偈頌，深受民間崇敬，被稱爲不思議大士。天台宗湛然爲對抗禪宗之西來祖師達摩，力挺其爲東方聖人。詳見居士傳卷七。

〔九〕王梵志：隋唐時居士，有王梵志詩集與偈語傳世，常爲後代禪師引用。

〔一〇〕吾師：指道圓禪師。據宗密中華傳心地禪門師資承襲圖，中土禪宗輩分排列爲：達摩一，慧可二，僧璨三，道信四，弘忍五，惠能六，神會七，磁州智如八，益州南印九，遂州道圓十。達摩爲釋迦二十八代孫，道圓、宗密自然是其三十七、三十八代孫。

故今所集之次者，先録達摩一宗，次編諸家雜述，後寫印一宗聖教。聖教居後者，如世上官司文案，曹判爲先，尊官判後也。唯寫文剋的者，十餘卷也。就當宗之中，以尊卑昭穆展轉綸緒而爲次第。其中頓漸相間，理行相參，遞相解縛，自然心無所住。淨名云：「貪著禪味是菩薩縛，以方便生是菩薩解。」〔一一〕又瑜伽説，悲增智增，互相解縛〔一二〕。悟修之道既備，解行於是圓通。次傍覽諸家，以廣聞見。然後諦〔一三〕讀聖教，以印始終。豈不因此正法久住？在余之志，雖無所求，然護法之心，神理不應屈我；繼襲之功，先祖不應捨我；法施之恩，後學不應辜我。如不幸、不屈、不捨，即願共諸同緣，速會諸佛會〔四〕也。

校釋

〔一〕見鳩摩羅什譯維摩詰所説經卷二。

〔二〕法藏華嚴一乘教義分齊章卷三有言與之相近。

〔三〕譯：據大正藏本校記，元禄本作「捧」。

〔四〕佛會：一般指佛親自現身説法的法會，參與者極有可能得到授記。

附録一　各版序跋

重刻禪源詮序

道不能自鳴，假人而鳴。鳴雖不同，道則未嘗不同也。苟不同，不足以爲道。如仲尼之一貫，老聃之無爲，釋氏之空寂，人異道同，此其證也。況夫禪教兩宗，同出於佛。禪，佛心也。教，佛口也。豈有心口自相矛盾者乎？奈何去聖時遥，師承各異。教者指禪爲暗證，禪者目教爲漸修。明暗未得其公，頓漸罔知攸定。迭爲詆毁，殆若仇讎。非但鼓之空言，抑且筆之簡册。世道日下，弊將何如！

昔圭峰禪師患之，遂將教禪諸祖著述章句旨意相符者，集爲一書，名曰禪源諸詮，以訓于世。將使兩家學者，知一佛無二道，四河無異味，言歸于好，永無敗盟。源詮之功，豈易量哉？予每見南方此弊尤甚，安得人有是書，一洗舊習，咸與惟新。興念至此，未嘗不廢食而歎也。今雪堂總統大師，若有所契，特捐衣長，復新諸梓，以廣流傳。千里走書，俾爲序引。裴公相國既述于前，自視何人，敢此凌躐，以貽識者之誚？然而此書平生所愛慕者，何幸挂名其間，故不讓也。

大德七年七月　住崑山薦嚴無外惟大序

重刻禪源詮序

禪源詮者，唐圭峰禪師之所作也。佛之道廣周法界，而細入微塵，非有非空，無内無外。後之學禪者，志窮實相，以言語爲苛纖。設教者，務覈真詮，以空寂爲誕肆。離爲異門，莫明統一，豈佛之道本然哉？於是以教三種證禪三宗，謂依性説相，即息妄修心；破相顯性，即泯絶無寄；顯示真心，即直明心性。江漢殊流而同歸智海，酸醎異調而共臻禪味。至於空宗、性宗之别，頓修、漸修之殊，莫不會其指歸，開示正覺。

然又慮末學之易惑而難悟也，則又旁行爲圖，朱墨以志之。自頓覺至成佛，十重爲淨。自不覺至受報，十重爲染。淨染之源，由於聖凡心法悉具真妄，是名藏識。不覺則迷真逐妄，歷劫輪迴；頓覺則舍妄歸真，隨順解脱。雖然，學者要知真如，闡教如標月指，若復見月，了知所標畢竟非月，則詮圖兩忘，愚智通爲般若，垢淨俱證菩提。南岳、天台、南侁、北秀，與達磨東來宗旨無有差别，尚何禪與教之分哉？唐大中時，裴相國休爲之叙，復手書是圖。付金州延昌寺，後傳唯勁師，再傳玄契師，而圖行閩、湘、吴、越間。

國朝至元十二年，世祖御廣寒殿，顧問禪教要義。帝師及諸耆德，以禪源詮對。上意悦，命板行於世。後二十有九年，爲大德癸卯。嗣法雪堂仁禪師，奉旨之五臺，回途過大同，得金時潛菴覺公禪師所書圖，益加攷訂鋟梓以傳諸遠。俾圭峰禪師研真顯正、化導群迷之意，永久不墜。其爲利益，何可稱量？文原與師爲方外交，乃隨喜讚歎，爲之次序其説，書諸編首。

是歲閏月朔　應奉翰林文字將仕佐郎同知制誥兼國史院編修官巴西鄧文原書

重刻禪源詮序

雪堂禪師，智識雄邁，行解圓通，喜修爲，樂施與。一日謂余曰：

愚嘗患世之學佛者，不究如來設教之因，妄執空有，競分大小，曰頓曰漸，曰禪曰律，訾訾紛紛，千數百年。如護父足，使具受病。雖遇一二同志有以啓之，恨不能家喻而户曉也。幸得圭峰所述禪源詮，其文博雅，其旨切當，悉叙前所患者，道其所以然。且作圖示心，一真實諦，含三大義。無明緣染，諸相妄起，依修斷法，獲證入理。提綱舉要，如指諸掌。昔至元十二年春正月，世祖皇帝萬機之暇，御瓊華島，延請帝師，太保文貞劉公亦在焉。乃召在京耆宿，問諸禪教乖互之義。先師西菴贇公等八人，因以圭峰禪源詮文爲對，允愜宸衷。當時先師囑其弟雙泉泰公爲之記，仍命雪堂鏤板流行。愚以參問諸方，未暇及此。向於雲中普恩、興國二寺各獲一本。後在京萬壽方丈，復得遼朝崇天皇太后清寧八年印造頒行天下定本，與文士較正，擬欲刻梓，以傳永久。請叙一言，庸伸先師遺志。

余聞之喜曰，今子之心即圭峰師憂世之心也。然不有斯文，無以解其惑。不壽其傳，無以利其衆。學者覩之而情不遣解不生，亦何益矣？古人所謂四難者，今三難不具其一。則在諸方參學者，儻能不負二師弘法利人之念，盡心披玩，情遣解生，如王良總六轡馳通衢，阿師駕般若航登彼岸，豈有不達者哉？

翰林待制朝列大夫同修國史賈汝舟序

重刊圭峰禪師禪源諸詮集都序疏

道絶名言，無不含攝。見之過者，執以爲空。見不及者，執以爲有。空有相非，異議籍籍。苟無達士，悟其大全，會而通之，則肝膽不相矛盾者幾希矣。唐圭峰定慧禪師，學該馬、龍，禪亞能、秀，興大悲智，肆無礙辨，凡華嚴、涅槃等經，起信、唯識諸論，悉皆箋注。又慮諸宗之徒，各私其傳，不究其本，競立門庭，互相詆訾，判大道成異歧，驅後學入疑網，故蒐羅諸家凡言禪者，集爲禪藏，目曰禪源諸詮集，仍都序之。其理奥，其文嚴，其議論公而正，擲大千於方外，納須彌於芥中，深有補於吾教。裴相國稱其鎔鉼盤釵釧爲一金，攪酥酪醍醐爲一味，可謂知言矣。苾芻某得此都序，不敢專於己，輒欲重刻之。凡我同志，宜相其成，以永流播。庶幾祖燈並耀於佛日，而教苑同茂於禪林也。

天台釋居頂玄極

元禄十一年刊本後記

唐大中十一年丁丑歲，裴相國親筆寫本，付與金州武當山太一延昌寺老宿。五十年後，梁壬申，老宿授與唯勁禪師，歸湖南。又二十三年甲午，禪師授契玄，歸閩。又二十二年甲寅乙卯，齎入吴，起流布矣。

福州沙門契玄録禪源詮都序，以余所見凡三本。一南藏，一楞嚴，一雲棲。楞嚴與藏本同。藏本註脚蛇足，而字多亥豕。雲棲本削正，是矣，而獨于本文添減字句處，不無臆見。細觀文意，上下不相連屬，猶不若藏本之爲妥。然後知非出大師筆，或大師化後門人所刻也。今乃以三本虚心參酌，務成善本，付梓流通。讀者試一較勘，其得失可知也。

鼓山比丘道霈謹識

【此下奥書曰】

禪詮都序，斯土舊刻，抄襲假冒，字脚多駁，是以覽者往往病諸依違。鼓山霈公考覈諸本，振刷清釐，於焉東猜西疑一旦冰釋。余頃獲者法寶，服膺弗措，遂欲闡二利之門，就其原本側點國字，以付剞劂，傳之于不朽。冀便於兄弟他日之宗説，人人會教海，個個徹禪源。

元禄戊寅午（年）仲冬初一日　東武萬年山比丘喜雲拜手識

附録二　宗密傳記資料

唐故圭峰定慧禪師碑並序

裴休

圭峰禪師號宗密，姓何氏，果州西充縣人，釋迦如來三十九代法孫也。釋迦如來在世八十年，爲無量人天聲聞菩薩，説五戒、八戒、大小乘、四諦、十二緣起、六波羅密、四無量心、三明、六通、三十七品、十力、四無畏、十八不共法、世諦、第一義諦，無量諸解脱三昧總持門。菩薩涅槃，常住法性。莊嚴佛土，成就衆生。度天人教菩薩一切妙道，可謂廣大周密。廓法界於無疆，徹性海於無際。權實頓漸，無遺事矣。最後，獨以法眼付大迦葉，令祖祖相傳，别行於世，非私於迦葉而外人天聲聞菩薩也。顧此法，衆生之本源，諸佛之所證，超一切理，離一切相，不可以言語智識、有無隱顯推求而得。但心心相印，印印相契，使自證之，光明受用而已。自迦葉至達摩，凡二十八世。達摩傳可。可傳璨。璨傳信。信傳忍爲五祖，又傳融爲牛頭宗。忍傳能爲六祖，又傳秀爲北宗。能傳會爲荷澤宗，荷澤於宗爲七祖；又傳讓，讓傳馬，馬於其法爲江西宗。荷澤傳磁州如。如傳荊南張。張傳遂州圓，又傳東京照。圓傳大師。大師於荷澤爲五世，於達摩爲十一世，於迦葉爲三十八世，其法宗之系也如此。

大師本豪家，少通儒書，欲干世以活生靈。偶謁遂州，遂州未與語。退遊徒中，見其儼然若思而無念，朗然若照而無覺，欣然慕之，遂削染受教。道成乃謁荊南，荊南曰：「傳教人也，當盛於帝都。」復謁東京照，照曰：「菩薩人也，誰能識之？」復謁上都花嚴觀，觀曰：「毗盧花藏，能隨我遊者，其汝乎！」

初在蜀因齋次受經，得圓覺十三章，深達義趣，遂傳圓覺。在漢上，因病僧授花嚴句義，未嘗聽受，遂講花嚴。自後，乃著圓覺、花嚴及涅槃、金剛、起信、唯識、盂蘭、法界觀、行願經等疏鈔，及法義、類例、禮懺、修證、圖書、纂略。又集諸宗禪言爲禪藏，總而叙之，並酬答、書偈、論議等，凡九十餘卷。皆本一心而貫諸法，顯真體而融事理，超群有於對待，冥物我而獨運矣。

議者以大師不守禪行而廣講經論，遊名邑大都，以興建爲務，乃爲多聞之所役乎？

豈聲利之所未忘乎？嘻，議者焉知大道之所趣哉！夫一心者，萬法之總也，分而爲戒定慧，開而爲六度，散而爲萬行。萬行未嘗非一心，一心未嘗違萬行。禪者六度之一耳，何能總諸法哉？且如來以法眼付迦葉，不以法行，故自心而證者爲法，隨願而起者爲行，未必常同也。然則一心者，萬法之所生而不屬於萬法。得之者，則於法自在矣，見之者，則於教無礙矣。本非法，不可以法説。本非教，不可以教傳。豈可以軌跡而尋哉？自迦葉至富那奢，凡十祖皆羅漢，所度亦羅漢。馬鳴、龍樹、提婆、天親始開摩訶衍，著論釋經，摧滅外道，爲菩薩唱首。而尊者闍夜，獨以戒力爲威神。尊者摩羅，獨以苦行爲道跡。其他諸祖，或廣行法教，或專心禪寂，或蟬蜕而去，或火化而滅，或攀樹以示終，或受害而償債，是乃法必同而行不必同也。且循轍跡者非善行，守規墨者非善巧，不迅疾無以爲大牛，不超過無以爲大士。故大師之爲道也，以知見爲妙門，寂靜爲正味，慈忍爲甲盾，慧斷爲劍矛。破内魔之高壘，陷外賊之堅陣，鎮撫邪雜，解釋縲籠。遇窮子則叱而使歸其家，見貧女則呵而使照其室。窮子不歸，貧女不富，吾師恥之。三乘不興，四分不振，吾師恥之。忠孝不並化，荷擔不勝任，吾師恥之。避名滯相，匿我增慢，吾師恥之。故皇皇於濟拔，汲汲於開誘，不以一行自高，不以一德自崇。人有依歸者，不俟請則往矣。有求益者，不俟憤則啓矣。雖童幼不簡於敬接，雖驚佷不怠於叩勵。其以闡教度生，助國家之化也如此。故親大師之法者，貪則施，暴則斂，剛則隨，戾則順，昏則開，墮則奮，自榮者慊，自堅者化，循私者公，溺情者義。凡士俗有舍其家，與妻子同入其法，分寺而居者；有變活業，絶血食，持戒法，起家爲近住者；有出而修政理，以救疾苦爲道者；有退而奉父母，以豐供養爲行者。其餘憧憧而來，欣欣而去，揚袂而至，實腹而歸，所在甚衆，不可以紀。真如來付囑之菩薩，衆生不請之良友。其四依之人乎？其十地之人乎？吾不識其境界庭宇之廣狹深淺矣，議者又焉知大道之所趣哉？

大師以建中元年生於世，元和二年印心於圓和尚，又受具於拯律師。大和二年慶成節，征入内殿，問法要，賜紫方袍，爲大德。尋請歸山。會昌元年正月六日，坐滅於興福塔院，儼然如生，容貌益悦，七日而後遷於函，其自證之力可知矣。其月二十二日，道俗等奉全身於圭峰。二月十三日荼毗，初得舍利數十粒，明白潤大。後門人泣而求諸煨中，必得而歸，今悉斂而藏於石室，其無緣之慈可知矣。俗歲六十二，僧臘三十四。遺戒深明形質不可以久駐，而真靈永劫以長存。乃知化者無常，存者是我。死後舁施蟲犬，焚其骨而散之，勿墓勿塔，勿悲慕以亂禪觀。每清明上山，必講道七日而後去，其餘住持法行，皆有儀則，違者非我弟子。

今皇上再闡真宗，追謚定慧禪師，青蓮之塔，則塔不可以不建，石不可以不斵。且使其教自爲一宗，而學者有所標仰也。門人達者甚衆，皆明如來知見而善説法要。或巖穴而息念，或都會而傳教，或斷臂以酬德，或白衣以淪跡。其餘一禮而悟道，終身而守護者，僧尼四衆數千百人。得其氏族道行可傳於後世者，紀於別傳。

休與大師，於法爲昆仲，於義爲交友，於恩爲善知識，於教爲内外護，故得詳而叙之，他人則不詳。銘曰：

如來知見，大事因緣。祖祖相承，等等相燃。分光並照，顯説密傳。摧邪破魔，證聖登賢。漸之者入，頓之者全。孰紹孰興，圭峰在焉。甚大慈悲，不舍周旋。以引以翼，恐迷恐顛。直示心宗，旁羅義筌。廣收遠取，無棄無捐。金湯魔城，株杌情田。銷竭芟伐，大道坦然。功高覺場，會盛法筵。不染而住，淤泥青蓮。性無去來，運有推遷。順世而嘆，衆生可憐。風號曉野，鐘摧夜川。舍筏而去，溺者誰前。巖崖荊榛，阻絶危懸。輕錫而過，踣者誰肩。不有極慈，孰能後先。吾師何處，復建橋船。法指一靈，徒餘三千。無負法恩，永以乾乾。

（據全唐文卷七四三）

圭峰定慧禪師遥禀清涼國師書

宗密慶以天幸，竊禀和尚華嚴疏文，雖乖禮足，且解生焉。宗密恨以累有事故，不獲早赴起居，下情伏增惶懼。既未繫目，敢自陳心。若不粗述本緣，寧表誠素？欲書實語，恐塵瀆視聽。進退無已，伏惟照恕。幸甚。

宗密本巴江一賤士，志好道而不好藝，縱游藝而必欲根乎道。自齠年洎弱冠，雖則詩書是業，每覺無歸，而復傍求釋宗，薄似有寄。決知業緣之報，如影響應乎形聲，遂止葷茹，考經論，親禪德，狎名僧。莊居屢置法筵，素服濫嘗覆講。但以學虧極教，悟匪圓宗，不造心源，惑情宛在。

後遇遂州大雲寺圓和尚法門，即荷澤之裔也。言下相契，師資道合。一心皎如，萬德斯備。既知世業事藝本不相關，方始落髮披緇，服勤敬事。習氣損之又損，覺智百鍊百精。然於身心因果，猶懷漠漠。色空之理，未即於心。遂屢咨參，方蒙授與終南大師華嚴法界觀門。佛法寶藏，從此頓彰。同志四人，琢磨數載。一句中理論，則通宵未休。一事中義旨，則塵沙莫算。達水常濕，寧疑波湛之殊？悟鏡恒明，不驚影像之變。淨刹穢土，非壞非成。諸佛衆生，何起何滅？由是念包三世，同時互促互延；塵與十方，全體相即相入。多生謬計，反覆枉受於沈淪；今日正觀，始覺元同于大用。然後所顯境界，離情則隨照分明，能詮大經；配文則難爲通會，章句浩博。因果重疊，理雖一味，勢變多端。差別義門，罔盡血脈，不知科段，意莫連環。縱使歷諸講場，不添己悟。名相繁雜，難契自心。宗密謂言，章疏例只如斯，遂休心傳教，適志遊方。但以終南觀門爲助緣，以離情順智爲自力。照融通法界而棲托，指事理懸説爲利他。以夢幻身心，游影像世界。神冥妙境，智歷義門。

跋涉江山，至于襄漢。於恢覺寺遇靈峰闍梨，即和尚門下一哲人也。寢疾數月，漸至羸極。相見三日，纔通其情。願以同聲之分，經及疏鈔，悉蒙授與。議論未周，奄然遷逝。斯則夙緣法會，忍死待來。若見若聞，無不歎訝。宗密渴逢甘露，貧遇摩尼。騰躍之心，手捧而舞。遂於此山，返關絶迹。忘飡輟寢，夙夜披尋。以疏通經，以鈔釋疏。尋文而性離，照理而情忘。偶之于心，會之于教。窮本究末，宗途皎如。一生餘疑，蕩如瑕翳。曾所習義，於此大通。外境內心，豁然無隔。誠所謂太陽升而六合朗耀，巨海湛而萬象昭彰。妙德妙智而頓開，普賢普行而齊現。五周四分，一部之網在綱。六相十玄，三乘之流會海。義則色空同於中道，教則權實融於圓宗。理則體用即寂，而性相宛然。智則凡聖混同，而因果不壞。顯隨緣而不變，弘經則理趣周圓。指幻而識真，修觀則禪心曠蕩。使九會經文無不契心，由斯可謂契經矣。使一真心地無不印經，由斯可謂心印矣。是知執三藏文者，誠爲失道。局一性義者，猶未圓通。想夫斯流，固宜絶分。聲聞聾瞽，諒不虚哉。宗密未遇疏前，每覽古今著述，在理或當，所恨不知和會。禪宗、天台多約止觀，美則美矣，且義勢展轉滋蔓，不直示衆生自心行相。雖分明入處，猶歷漸次。豈如問明釋文殊偈，印靈知而心識頓袪。懸談開分齊章，顯真空而相用繁起。起不異性故，事事融通。通而互收故，重重無盡。悟此則全同佛果，方是圓因。隨緣造修，無非稱體。開頓漸禪要，可以此爲楷模。傳權實教門，可以此爲軌範。藥得雪山善見，群疾俱消。寶獲滄海摩尼，千珍隨念。況懸文卷半，諸義盡包。備覈源流，遍窮名體。然後融成本部，全揀全收。苟能精之，已領百家之文義。少功多獲，要在兹焉。凡曰釋流，孰不可習？

宗密夙生多幸，同種善根，遇如是經，逢如是疏。頃於王饍，未敢即湌。今得明文印決，心意泰然。誓願生生盡命弘闡。當時便被僧尼徒衆因請贊揚。務自温習，課虚順命，但依文配讀而已，詎足以發明於人？爲顯圓宗，多驚撫掌。爰有宿機堅種，聞即稟承。從始洎終，可數十人，誓願修學。蓋兹疏文玄妙，傳之不虚。豈以微才，能感如是？襄陽講罷，暫往東都禮祖師塔，便擬馳赴拜覲。蓋緣夏逼，且止永穆寺。襄陽徒衆迤邐訪尋，再邀第二遍講，復聞兹經，遂允衆請。許終懸疏，却赴上都。今月七日纔畢，聽徒泰恭遂斷一臂，云自慶所逢之法，玄妙難思，用表懇誠，厥願修學。此迺和尚道威德洽，教令將行，門下宗枝，有斯精苦。伊且割截支體，傷斷筋骨，都無痛惱，神色宛然。自初至今，身心仍舊。若道若俗，無不異之。觀智之功，感應昭著。時臺省詢驗，事迹分明。留守崇敬大經，已申中書門下。據伊本意，豈盡顯揚？然發起門，亦藉旌表。沿伊手瘡未愈，官司牒寺，委令將養，未便遊行。以此禮覲轉見遲違，下情無任，伏增惶懼。謹差聽徒僧玄珪、智輝，先具申述。宗密才微語拙，領悟難陳。伏乞慈悲，特賜攝受。幸甚。不備。學徒宗密惶恐百拜上。

華嚴疏主清涼國師大和尚

唐元和六年辛卯歲九月十三日在東都上

（據全唐文補編卷四）

唐圭峰草堂寺宗密傳

釋宗密，姓何氏，果州西充人也。家本豪盛，少通儒書，欲干世以活生靈，負俊才而隨計吏。元和二年，偶謁遂州圓禪師，圓未與語，密欣然而慕之，乃從其削染受教。此年進具於拯律師。尋謁荆南張，張曰：「汝傳教人也，當宣導於帝都。」復見洛陽照禪師，照曰：「菩薩人也，誰能識之？」末見上都華嚴觀，觀曰：「毗盧華藏，能隨我遊者，其唯汝乎！」

初在蜀，因齋次受經，得圓覺十二章，深達義趣，誓傳是經。在漢上，因病僧付華嚴句義，未嘗肄習，即爾講之，由是乃著圓覺、華嚴及涅槃、金剛、起信、唯識、盂蘭盆、法界觀、行願經等疏鈔，及法義、類例、禮懺、修證、圖傳、纂略，又集諸宗禪言爲禪藏，總而序之，並酬答、書偈、議論等，又四分律疏五卷、鈔懸談二卷，凡二百許卷，圖六面。皆本一心而貫諸法，顯真體而融事理，超羣有於對待，冥物我而獨運矣。

密累入内殿，問其法要。太和二年慶成節，徵賜紫方袍，爲大德。尋請歸山，會昌元年正月六日，坐滅於興福塔院，儼若平日，容貌益悦，七日，遷於函，其自證之力可知矣。後其月二十二日，道俗等奉全身於圭峰，二月十三日荼毗，得舍利數十粒，明白而潤大。後門人泣而求諸煨中，必得而歸，悉斂藏於石室，其無緣之慈可知矣。俗齡六十二，僧臘三十四。遺誡令舁屍施鳥獸，焚其骨而散之，勿塔，勿得悲慕，以亂禪觀。每清明，上山必講道七日而後去。其餘住持儀，則當合律科，違者非吾弟子。

初，密道既芬馨，名惟烜赫。内衆慕羶既如彼，朝貴荅響又如此。當長慶、元和已來，中官立功執政者孔熾，内外猜疑，人主危殆。時宰臣李訓，酷重於密。及開成中，僞甘露發，中官率禁兵五百人出閤，所遇者一皆屠戮。時王涯、賈餗、舒元輿方在中書會食，聞難作，奔入終南，投密。唯李訓欲求剪髮匿之，從者止之。訓改圖，趨鳳翔。時仇士良知之，遣人捕密入左軍，面數其不告之罪，將害之。密怡然曰：「貧道識訓年深，亦知其反叛。然本師教法，遇苦即救，不愛身命，死固甘心。」中尉魚恒志嘉之，奏釋其罪。朝士聞之，扼腕出涕焉。

或曰密師爲禪耶，律耶，經論耶？則對曰，夫密者四戰之國也，人無得而名焉，都可謂大智圓明、自證利他大菩薩也。是故裴休論譔云：

議者以師不守禪行，而廣講經論，遊名邑大都，以興建爲務，乃爲多聞之所役乎？豈聲利之所未忘乎？嘻，議者焉知大道之所趣哉！夫一心者，萬法之總也，分而爲戒定慧，開而爲六度，散而爲萬行。萬行未嘗非一心，一心未嘗違萬行。禪者六度之一耳，何能總諸法哉？且如來以法眼付迦葉，不以法行。故自心而證者爲法，隨願而起者爲行，未必常同也。然則一心者，萬法之所生，而不屬於萬法。得之者則於法自在矣，見之者則於教無礙矣。本非法，不可以法説。本非教，不可以教傳。豈可以軌迹而尋哉？自迦葉至富奢，凡十祖皆羅漢，所度亦羅漢。馬鳴、龍樹、提婆、天親，始開摩訶衍，著論釋經，摧滅外道，爲菩薩唱首。而尊者闍夜，獨以戒力爲威神。尊者摩羅，獨以苦行爲道跡。其他諸祖或廣行法教，或專心禪寂，或蟬蜕而去，或火化而滅，或攀樹以示終，或受害而償債，是乃法必同而行不必同也。且循轍跡者非善行，守規墨者非善巧，不迅疾無以爲大牛，不超過無以爲大士。故師之道也，以知見爲妙門，寂淨爲正味，慈忍爲甲盾，慧斷爲劍矛。破内魔之高壘，陷外賊之堅陣，鎮撫邪雜，解釋縲籠。遇窮子則叱而使歸其家，見貧女則呵而使照其室。窮子不歸，貧女不富，吾師恥之。三乘不興，四分不振，吾師恥之。忠孝不並化，荷擔不勝任，吾師恥之。避名滯相，匿我增慢，吾師恥之。故遑遑於濟拔，汲汲於開誘。不以一行自高，不以一德自聳。人有依歸者，不俟請則往矣。有求益者，不俟憤則啓矣。雖童幼不簡於應接，雖驁佷不怠於叩勵。其以闡教度生，助國家之化也如此。故親師之法者，貧則施，暴則斂，剛則隨，戾則順，昏則開，惰則奮，自榮者慊，自堅者化，徇私者公，溺情者義。凡士俗有捨其家，與妻子同入其法，分寺而居者；有變活業，絶血食，持戒法，起家爲近住者；有出而修政理，以救疾苦爲道者；有退而奉父母，以豐供養爲行者。其餘憧憧而來，欣欣而去，揚袂而至，實腹而歸，所在甚衆，不可以紀。真如來付囑之菩薩，衆生不請之良友。其四依之人乎？其十地之人乎？吾不識其境界庭宇之廣狹深淺矣，議者又焉知大道之所趣哉？

其爲識達大人之所知心爲若此也。密知心者多矣，無如昇平相國之深者，蓋同氣相求耳。宣宗再闡真乘，萬乘咸秩，追謚曰定慧禪師，塔號青蓮。持服執弟子禮四衆數千百人矣。

系曰：河東相國之論譔，所謂極其筆矣。然非夫人之爲極筆，於他人豈極其筆乎？觀夫影響相隨，未始有異也。影待形起，響隨聲來。有宗密公時，則有裴相國，非相國曷能知密公？相續如環，未嘗告盡，其二公之道歟？然則知諦觀法王法，則密公之行甚圓；應以宰官身，則裴相之言可度。今禪師有不達而譏密不宜講諸教典者，則吾對曰，達磨可不云乎？吾法合了義教，而寡學少知，自既不能，且與煩惑相應，可不嫉之乎？或有誚密不宜接公卿而屢謁君王者，則吾對曰，教法委在王臣，苟與王臣不接，還能興顯宗教以不？佛言力輪，王臣是歟？今之人情，見近王臣者則非之，曾不知近王臣人之心，苟合利名，則謝君之誚也；或止爲宗教親近，豈不爲大乎？寧免小嫌，嫌之者亦嫉之耳。若了如是義，無可無不可。吁哉！

（宋高僧傳卷六）

終南山圭峰宗密傳

終南山圭峰宗密禪師，果州西充人也，姓何氏。家本豪盛，髫齓通儒書，冠歲探釋典。唐元和二年將赴貢舉，偶造圓和尚法席，欣然契會，遂求披剃，當年進具。一日，隨衆僧齋于府吏任灌家，居下位，以次受經，得圓覺十二章。覽未終軸，感悟流涕。歸以所悟之旨告于圓。圓撫之曰：「汝當大弘圓頓之教，此諸佛授汝耳。行矣，無自滯於一隅也。」師涕泣奉命，禮辭而去。

因謁荊南忠禪師。南印。忠曰：「傳教人也，當宣導於帝都。」復見洛陽照禪師。奉國神照。照曰：「菩薩人也，誰能識之？」尋抵襄漢，因病僧付華嚴疏，即上都澄觀大師之所撰也。師未嘗聽習，一覽而講。自欣所遇，曰：「向者諸師述作，罕窮厥旨。未若此疏，辭源流暢，幽賾煥然。吾禪遇南宗，教逢圓覺，一言之下，心地開通。一軸之中，義天朗耀。今復偶茲絶筆，罄竭于懷。」

暨講終，思見疏主。時屬門人泰恭，斷臂醻恩。師先齎書上疏主，遥叙師資，往復慶慰。尋泰恭痊損，方隨侍至上都，執弟子之禮。觀曰：「毗盧華藏，能隨我遊者，其汝乎！」師預觀之室，惟日新其德，而認筌執象之患永亡矣。北遊清涼山，回住鄠縣草堂寺。未幾，復入終南圭峰蘭若。大和中徵入内，賜紫衣。帝累問法要，朝士歸慕。唯相國裴公休，深入堂奧，受教爲外護。

師以禪教學者互相非毁，遂著禪源諸詮，寫録諸家所述，詮表禪門根源道理文字句偈，集爲一藏，或云一百卷。以貽後代。其都序略云：

「禪」是天竺之語，具云禪那，翻云思惟修，亦云靜慮，皆是定慧之通稱也。「源」者，是一切衆生本覺真性，亦名佛性，亦名心地。悟之名慧，修之名定，定慧通名爲禪。此性是禪之本源，故云「禪源」。「亦名禪那理行」者，此之本源是禪理，忘情契之是禪行，故云「理行」。然今所集諸家述作，多譚禪理，少説禪行，故且以「禪源」題之。今時有但目真性爲禪者，是不達理行之旨，又不辨華、竺之音也。然非離真性别有禪體。但衆生迷真合塵，即名散亂。背塵合真，方名禪定。若直論本性，即非真非妄，無背無合，無定無亂，誰言禪乎？況此真性，非唯是禪門之源，亦是萬法之源，故名法性。亦是衆生迷悟之源，故名如來藏藏識，出楞伽經。亦是諸佛萬德之源，故名佛性。涅槃等經。亦是菩薩萬行之源，故名心地。梵網經云，是諸佛之本源，行菩薩道之根本，是大衆諸佛子之根本也。萬行不出六波羅蜜，禪門但是六中之一，當其第五，豈可都目真性爲一禪行哉？然禪定一行最爲神妙，能發起性上無漏智慧。一切妙用，萬行萬德，乃至神通光明，皆從定發。故三乘學人欲求聖道，必須修禪，離此無門，離此無路。至於念佛求生淨土，亦修十六觀禪，及念佛三昧、般舟三昧等也。又真性即不垢不淨，凡聖無差，禪則有淺有深，階級殊等。謂帶異計，欣上厭下而修者，是外道禪。正信因果，亦以欣厭而修者，是凡夫禪。悟我空偏真之理而修者，是小乘禪。悟我法二空所顯真理而修者，是大乘禪。上四類，皆有四色四空之異也。若頓悟自心本來清淨，元無煩惱，無漏智性本自具足，此心即佛，畢竟無異。依此而修者，是最上乘禪，亦名如來清淨禪，亦名一行三昧，亦名真如三昧。此是一切三昧根本，若能念念修習，自然漸得百千三昧。達磨門下展轉相傳者，是此禪也。達磨未到，古來諸家所解，皆是前四禪八定。諸高僧修之，皆得功用。南岳、天台，令依三諦之理，修三止三觀。教義雖最圓妙，然其趣入門户次第，亦只是前之諸禪行相。唯達磨所傳者，頓同佛體，迥異諸門，故宗習者難得其旨。得即成聖，疾證菩提，失即成邪，速入塗炭。先祖革昧防失，故且人傳一人。後代已有所憑，故任千燈千照。洎乎法久成弊，錯謬者多，故經論學人疑謗亦衆。原夫佛說頓教漸教，禪開頓門漸門，二教二門，各相符契。今講者偏彰漸義，禪者偏播頓宗。禪講相逢，胡越之隔。宗密不知宿生何作，熏得此心。自未解脱，欲解他縛。爲法亡於軀命，愍人切於神情。亦如淨名經云，若自有縛，能解他縛，無有是處。然欲罷不能，驗是宿習難改故。每歎人與法差，法爲人病，故别撰經律論疏，大開戒定慧門。顯頓悟資於漸修，證師説符於佛意。意既本末而委示，文乃浩博而難尋。汎學雖多，秉志者少。況迹涉名相，誰辨金鍮？徒自疲勞，未見機感。雖佛説悲增是行，而自慮愛見難防。遂捨衆入山，習定均慧。前後息慮，相繼十年。云前後者，中間被勅追入内，住城二年，方卻表請歸山也。微細習情，起滅彰於静慮。差别法義，羅列現於空心。虚隙日光，纖埃擾擾。清潭水底，影像昭昭。豈比夫空守默之癡禪，但尋文之狂慧者也！然本因了自心而辨諸教，故懇情於心宗。又因辨諸教而解修心，故虔誠於教義。教也者，諸佛菩薩所留經論也。禪也者，諸善知識所述句偈也。但佛經開張，羅大千八部之衆。禪偈撮略，就此方一類之機。羅衆則莽蕩難依，就機則指的易用。今之纂集，意在斯焉。

裴休爲之序曰：

諸宗門下，皆有達人。然各安所習，通少局多。數十年中，師法益壞。以承稟爲户牖，各自開張。以經論爲干戈，互相攻擊。情隨函矢而遷變，周禮曰：「函人爲甲。」孟子曰：「矢人豈不仁於函人哉？函人唯恐傷人，矢人唯恐不傷人。」蓋所習之術使然也。今學者但隨宗徒，彼此相非耳。法逐人我以高低。是非紛拏，莫能辨析。則向者世尊、菩薩、諸方教宗，適足以起諍後人，增煩惱病，何利益之有？圭峰大師久而歎曰，吾丁此時，不可以默矣。於是以如來三種教義，印禪宗三種法門。鎔瓶盤釵釧爲一金，攪酥酪醍醐爲一味。振綱領而舉者皆順，荀子云：如振裘領，屈五指而頓之，順者不可勝數。據會要而來者同趣。周易略例云：「據會要以觀方來，則六合輻湊，未足多也。」都序據圓教以印諸宗，雖百家亦無所不統。尚恐學者之難明也，又復直示宗源之本末，真妄之和合，空性之隱顯，法義之差殊，頓漸之異同，遮表之回互，權實之深淺，通局之是非。若吾師者，捧佛日而委曲回照，疑噎盡除；順佛心而横亘大悲，窮劫蒙益。則世尊爲闡教之主，吾師爲會教之人。本末相符，遠近相照，可謂畢一代時教之能事矣。自世尊演教至今日會而通之，能事方畢。或曰，自如來未嘗大都而通之，今一旦違宗趣而不守，廢關防而不據，無乃乖秘藏密契之道乎？答曰，如來初雖别説三乘，後乃通爲一道。三十年前，或説小乘，或説空教，或説相教，或説性教，聞者各隨機證悟，不相通知也。四十年後，坐靈鷲而會三乘，詣拘尸而顯一性，前後之軌則也。故涅槃經迦葉菩薩曰，諸佛有密語，無密藏。世尊讚之曰：「如來之言，開發顯露，清淨無翳。愚人不解，謂之秘藏。智者了達，則不名藏。」此其證也。故王道興則外户不閉，而守在戎夷。佛道備則諸法總持，而防在魔外，涅槃圓教和會諸法，唯揀别魔説及外道邪宗。不當復執情攘臂於其間也。師又著圓覺大小二疏鈔、法界觀門、原人等論。皆裴休爲之序引，盛行于世。

師會昌元年正月六日，於興福塔院坐滅。二十二日，道俗等奉全身于圭峰。二月十二日荼毘，得舍利明白潤大。後門人泣而求之，皆得於煨燼，乃藏之石室。壽六十有二，臘三十四。遺誡令舁屍施鳥獸，焚其骨而散之，勿得悲慕以亂禪觀，每清明上山必講道七日，其餘住持儀則，當合律科。違者非吾弟子。持服四衆數千百人，哀泣喧野。暨宣宗再闢真教，追諡定慧禪師，塔曰青蓮。

蕭俛相公呈己見解，請禪師注釋。曰：「荷澤云：『見清淨體於諸三昧，八萬四千諸波羅蜜門，皆於見上一時起用，名爲慧眼。若當真知相應之時，萬化寂滅，善惡不思，空有不念。萬法俱從思想緣念而生，皆是虛空，故云化也。既一念不生，則萬法不起，故不待泯之，自然寂滅也。此時更無所見，照體獨立，夢智亡階。三昧諸波羅蜜門，亦一時空寂，更無所得。』散亂與三昧，此岸與彼岸，是相待對治之説。若知心無念，見性無生，則定亂真妄，一時空寂，故無所得也。不審此是見上一時起用否？然見性圓明，理絶相累，即絶相爲妙用，住相爲執情。於八萬法門，一一皆爾。一法有爲一塵，一法空爲一用。故云，見清淨體，則一時起用矣。望於此後示及。俛狀。」

答史山人十問。問答各是一本，今參而寫之。

一問：「如何是道，何以修之？爲復必須修成？爲復不假功用？」答：「無礙是道，覺妄是修。道雖本圓，妄起爲累。妄念都盡，即是修成。」

二問：「道若因修而成，即是造作，便同世間法，虛僞不實，成而復壞，何名出世？」答：「造作是結業，名虛僞世間。無作是修行，即真實出世。」

三問：「其所修者，爲頓爲漸？漸則忘前失後，何以集合而成？頓則萬行多方，豈得一時圓滿？」答：「真理即悟而頓圓，妄情息之而漸盡。頓圓如初生孩子，一日而肢體已全。漸修如長養成人，多年而志氣方立。」

四問：「凡修心地之法，爲當悟心即了？爲當別有行門？若別有行門，何名南宗頓旨？若悟即同諸佛，何不發神通光明？」答：「識冰池而全水，藉陽氣而鎔消。悟凡夫而即真，資法力而修習。冰消則水流潤，方呈溉滌之功。妄盡則心靈通，始發通光之應。修心之外，無別行門。」

五問：「若但修心而得佛者，何故諸經復説必須莊嚴佛土，教化衆生，方名成道？」答：「鏡明而影像千差，心淨而神通萬應。影像類莊嚴佛國，神通則教化衆生。莊嚴而即非莊嚴，影像而亦色非色。」

六問：「諸經皆説度脱衆生，且衆生即非衆生，何故更勞度脱？」答：「衆生若是實，度之則爲勞。既自云即非衆生，何不例度而無度？」

七問：「諸經説佛常住，或即説佛滅度。常即不滅，滅即非常，豈不相違？」答：「離一切相，即名諸佛。何有出世入滅之實乎？見出没者，在乎機緣。機緣應，則菩提樹下而出現。機緣盡，則娑羅林間而涅槃。其猶淨水無心，無像不現。像非我有，蓋外質之去來。相非佛身，豈如來之出没？」

八問：「云何佛化所生？吾如彼生，佛既無生，生是何義？若言心生法生，心滅法滅，何以得無生法忍邪？」答：「既云如化，化即是空，空即無生，何詰生義？生滅滅已，寂滅爲真。忍可此法無生，名曰無生法忍。」

九問：「諸佛成道説法，只爲度脱衆生。衆生既有六道，佛何但住在人中現化？又，佛滅後付法於迦葉，以心傳心，乃至此方六祖，每代只傳一人。既云於一切衆生皆得一子之地，何以傳授不普？」答：「日月麗天，六合俱照，而盲者不見，盆下不知。非日月不普，是障隔之咎也。度與不度，義類如斯，非局人天，揀於鬼畜。但人道能結集，傳授不絶，故只知佛現人中也。滅度後委付迦葉，展轉相承一人者，此亦概論當代爲宗教主，如土無二王，非得度者唯爾數也。」

十問：「和尚因何發心？慕何法而出家？今如何修行？得何法味？所行得至何處地位？今住心邪？修心邪？若住心，妨修心，若修心，則動念不安，云何名爲學道？若安心一定，則何異定性之徒？伏願大德，運大慈悲，如理如如，次第爲説。」答：「覺四大如坏幻，達六塵如空華，悟自心爲佛心，見本性爲法性，是發心也。知心無住，即是修行。無住而知，即爲法味。住著於法，斯爲動念故。如人入闇，則無所見。今無所住，不染不著故。如人有目，及日光明，見種種法，豈爲定性之徒？既無所住著，何論處所。」

又山南温造尚書問：「悟理息妄之人不結業，一期壽終之後，靈性何依？」

答：「一切衆生，無不具有覺性，靈明空寂，與佛無殊。但以無始劫來，未曾了悟，妄執身爲我相，故生愛惡等情。隨情造業，隨業受報，生老病死，長劫輪回。然身中覺性，未曾生死。如夢被驅役，而身本安閑。如水作冰，而濕性不易。若能悟此性即是法身，本自無生，何有依託？靈靈不昧，了了常知，無所從來，亦無所去。然多生妄執，習以性成。喜怒哀樂，微細流注。真理雖然頓達，此情難以卒除。須長覺察，損之又損。如風頓止，波浪漸停。豈可一生所修，便同諸佛力用？但可以空寂爲自體，勿認色身。以靈知爲自心，勿認妄念。妄念若起，都不隨之。即臨命終時，自然業不能繫。雖有中陰，所向自由。天上人間，隨意寄託。若愛惡之念已泯，即不受分段之身。自能易短爲長，易粗爲妙。若微細流注，一切寂滅，唯圓覺大智朗然獨存，即隨機應現千百億化身，度有緣衆生，名之爲佛。謹對。」

釋曰：馬鳴菩薩撮略百本大乘經宗旨，以造大乘起信論。論中立宗，説一切衆生心有覺義、不覺義。覺中復有本覺義、始覺義。上所述者，雖但約照理觀心處言之，而法義亦同彼論。謂從初至「與佛無殊」，是本覺也。從「但以無始」下，是不覺也。從「若能悟此」下，是始覺也。始覺中復有頓悟、漸修。從「若能」至「亦無所去」，是頓悟也。從「然多生妄執」下，是漸修也。漸修中從初發心乃至成佛，有三位自在。從此至「隨意寄託」者，是受生自在也。從「若愛惡之念」下，是變易自在也。從「若微細流注」下至末，是究竟自在也。又從「但可以空寂爲自體」至「自然業不能繫」，正是悟理之人朝暮行心修習止觀之要節也。

宗密先有八句之偈，顯示此意。曾於尚書處誦之，奉命解釋。偈曰：「作有義事，是惺悟心。義謂義理，非謂仁義恩義。意明凡所作爲，先詳利害，須有所以當於道理，然後行之，方免同惛醉顛狂之人也。就佛法中，有三種義，即可爲之。一、資益色身之事，謂衣食、醫藥、房舍等世間義也。二、資益法身，謂戒定慧、六波羅蜜等第一義也。三、弘正法，利濟群生也。乃至爲法諸餘緣事，通世出世也。作無義事，是狂亂心。謂凡所作爲，若不緣上三般事，即名無義也，是狂亂者。且如世間醉人狂人，所往不揀處所，所作不量是非。今既不擇，有何義利？但縱情妄念，要爲即爲，故如狂也。上四句述業因也，下四句述受果報云。狂亂隨情念，臨終被業牽。既隨妄念，欲作即作，不以悟理之智揀擇是非，猶如狂人。故臨終時，於業道被業所引，受當來報。故涅槃經云，無明郎主，貪愛魔王，役使身心，策如僮僕。惺悟不由情，臨終能轉業。情中欲作而察理不應，即須便止，情中不欲作而照理相應，即須便作。但由是非之理，不由愛惡之情。即臨命終時，業不能繫，隨意自在，天上人間也。通而言之，但朝暮之間所作，被情塵所牽，即臨終被業所牽而受生。若所作所爲由於覺智，不由情塵，即臨終由我自在而受生，不由業也。當知欲驗臨終受生自在不自在，但驗尋常行心於塵境自由不自由。」

（景德傳燈録卷一三）